초고속성장의 조건

PDCA

PLAN   DO   CHECK   ACT

PDCA

초고속 성장의 조건

PDCA

미키 다케노부 지음 | 김정환 옮김

청림출판

야근 없이 초스피드로
성과를 올리는 방법

'예정대로 업무를 진행하고는 있지만, 기한 내에 성과를 낼 수 있을 것 같지 않다.'

'오늘도 업무가 끝날 기미가 보이지 않는다. 또 막차 시간까지 야근이다.'

'나는 주위 사람들에 비해 요령이 부족하고 일처리 속도가 느리다.'

'스스로 목표와 계획을 세우고 그대로 실천하는 것이, 아무리 노력해도 생각처럼 잘되지 않는다.'

'상사가 지시하는 대로 해도 일이 어렵다.'

날마다 이런 문제로 고민하는 사람이 많을 것이다. 만약 지금 여러분이 이런 문제로 고민하고 있다고 해도 그것은 여러분 탓이 아니다. 지금까지 해온 업무 방식, 상사의 사고방식이 이제 시대에 맞지 않을 뿐이다. 이 책은 그런 고민을 안고 있는 여러분을 위해 썼다.

'자신의 머리로 생각해서 많은 시간을 들이지 않고 예정했던 성과를 낸다.' 이 책에서는 이를 위한 방법을 정리했다. 만약 지금 어려운 업무에 직면해 일이나 인생에서 괴로움을 느끼고 있다면, 이 책을 끝까지 읽어 보기 바란다. 책을 덮을 즈음에는 지금까지와 전혀 다른 새로운 인생이 여러분을 맞이할 것이다.

PDCA를 어떻게 활용하느냐에 따라
모든 것이 달라진다!

사람들에게 PDCA에 대한 이미지를 물어보면 대부분은 이렇게 대답한다.

"업무 성과를 올리기 위한 중요한 프레임워크라고 생각하지만, '그것으로 성과를 낸' 기억은 없습니다."

요컨대 중요하다고 생각하기는 하지만 평소에 PDCA를 의식하지도 않고, 사용법이나 효과에 대해 고민해 본 적도 없다는 말이다. 그러나 이미 많은 사람이 알고 있듯이, PDCA에는 업무에서 성과를 내기 위해 꼭 필요한 목표 설정, 계획 입안, 실행, 검증, 개선이 모두 담겨 있다. 그리고 PDCA는 이 다섯 가지 포인트를 좀 더 빠르게, 기능적으로 실행할 수 있게 해준다.

자, 여러분이 휴대폰을 판매하고 있다고 상상해 보자. 가게에 손님이 들어오면 여러분은 무슨 생각을 할까? 그 사람의 성별과 옷차림, 소지품, 짐작되는 연령대 등을 바탕으로 상대를 면밀히 분석하여 어떤 기능이 있는 무슨 색깔의 휴대폰을 권하면 만족할지 머리를 굴리지 않겠는가?

이처럼 많은 사람이 머릿속에서 가설을 세웠다가는 버리고 다시 가설을 세우는 과정을 되풀이한다. 그렇다. 사실 우리는 이미 수없이 많은 PDCA를 실행해 왔던 셈이다.

이렇듯 'PDCA'는 제조업 현장에서는 물론이고 업무 관리를 위해, 업무 아이디어를 내기 위해, 영업 실적을 올리기 위해, 총무가 효율적으로 일할 수 있는 환경을 만들기 위해…… 다양한 업무에서 중요한 역할을 하고 있다.

요컨대, 이 PDCA를 좀 더 빠르게 기능적으로 적용하면 업무 속도와 결과는 당연히 극적으로 향상될 것이다.

나는 소프트뱅크에서 그 변화를 실감했다. 소프트뱅크는 손정의 회장의 지휘 아래 항상 가장 빠른 속도로 일을 진행한다. 게다가 여러 안건을 동시에 진행하는 까닭에 일반적인 업무 방식으로는 그 속도를 따라잡지 못한다. 그래도 나는 손정의 회장이 일하는 모습을 옆에서 지켜보며 필사적으로 흉내 내어 업무 속도를 따라잡을 수 있게 되었고, 업무의 질도 높일 수 있었다. 결과적으로, 독립해 회사를 세우고 내가 하고 싶은 일을 할 수 있게 되었으며 수입도 늘어났다.

단언컨대, PDCA를 빠르고 기술적으로 적용한 덕분에 지금의 내가 있을 수 있었다. 지금의 나는 PDCA만을 사용하며 일하고 있다고 해도 과언이 아니다. 따라서 PDCA를 제대로 적용하기만 한다면 업무도 인생도 여러분 뜻대로 이루어질 것이라고 자신 있게 말할 수 있다.

손정의 회장을 철저히 분석해서 만든 '고속 PDCA'

먼저 내 소개를 잠시 하고 넘어가겠다. 나는 대학을 졸업하고 들어간 미쓰비시지쇼를 3년 만에 그만두고 소프트뱅크에 입사했다. 소프트뱅크에서는 손정의 회장의 비서, 그리고 프로젝트 매니저로서 다음과 같은 몇 가지 대형 프로젝트를 성공시켰다.

• 광고와 컨설팅 사업을 하는 '주식회사 카포인트(현 카뷰)' 설립

- 신흥 기업을 대상으로 하는 증권시장 '나스닥 재팬' 개설
- 일본 채권신용은행(현 아오조라 은행) 인수
- 브로드밴드 통신사업 '야후BB(Yahoo! BB)' 설립

요컨대 손정의 회장 밑에서 증권시장을 만들고 은행을 인수했으며, 전기통신 회사를 만들었다는 말이다. 이것은 모두 평범한 회사라면 사운을 걸고 도전하는 수준의 사업이며 보통은 성공하기까지 십수 년이 걸리기 마련이다. 소프트뱅크는 이런 사업에 잇달아 손을 댔으며, 나는 그 프로젝트를 진두지휘했다.

어쩌면 '나라면 절대 못했을 거야', '이 사람은 재능이 뛰어나니까 가능했겠지'라고 생각하는 독자도 있을지 모른다. 그러나 사실 방법만 알면 누구나, '모두가 대단하다고 생각하는 이런 일'을 해낼 수 있다.

어떻게 그럴 수 있을까. 소프트뱅크에 입사한 나는 스물다섯 살의 새파란 애송이였다. 미쓰비시지쇼를 다닐 무렵에는 눈앞

에 닥친 일을 열심히 했지만, 그래 봤자 비즈니스에는 완전히 초짜였다. 굳이 따지자면 부주의한 실수가 잦은 평범한 직원이었다. 소프트뱅크에 입사한 뒤 손정의 회장 밑에서 여러 일을 맡았지만 하나같이 처음 해보는 일이었다. 솔직히 처음 일을 맡았을 때는 과연 내가 해낼 수 있을지 자신이 없었다. 입사하고 처음 맡은 일은 '사흘 안에 경영 요소를 1만 건 모아 오는 것'이었는데, 일단 숫자 자체가 터무니없을 뿐 아니라 너무 막연한 지시여서 상당히 고생했던 기억이 난다.

또 측근으로서 손정의 회장과 함께 이곳저곳을 다녔지만 오히려 그의 발목을 잡은 적이 적지 않았다. 영어를 한마디도 못했던 탓에 야후(Yahoo!) 창업자 제리 양 사장과 초대 CEO 팀 쿠글(Tim Koo-gle)이 참석한 비즈니스 미팅에서 손정의 회장에게 큰 창피를 준 적도 있었다.

그러나 손정의 회장은 그런 것을 상관하지 않았다. 내가 일을 잘하든 못하든 새로운 일을 계속해서 맡겼다.

그래서 나는 '일과 마주하는 방법'을 철저히 궁리했다. 먼저,

손정의 회장이 맡기는 일은 하나같이 범인(凡人)의 사고방식으로는 상상도 할 수 없을 만큼 무리한 것들이다. 그러나 그는 모두가 어렵다고 생각하는 일들을 해내고 있다. 그렇다면 손정의 회장이 일하는 방식을 철저히 분석해 그것을 내 것으로 만들자고 생각했다.

분석 결과, 손정의 회장이 일하는 방식에는 다음과 같은 특징이 있었다.

- '목표에 대한 집착'이 매우 강하다.
- 목표를 달성하기 위해 '온갖 방법'을 시험해 본다.
- 시험해 본 방법을 '숫자로 엄밀하게' 검증한다.
- 언제나 '더 나은 방법'이 있는지 찾는다.

그렇다. PDCA를 충실하게 지키면서 일하고 있었던 것이다. 다만 PDCA를 실행하는 일반적인 방법과는 뭔가 조금 차이가 있었다. 그 점을 깨달은 나는 무엇이 다른지 밝혀내려 했고, 결국 기존의 PDCA를 개선한 새로운 PDCA를 만들어 내는 데 성공했다. 그 결과 입사 2년 만에 비서실장이라는 자리에 오를 수 있었으며, 손정의 회장과 소프트뱅크 사내의 모든 구성원들에게서 '뭔가 곤란한 문제가 발생하면 미키한테 맡기자. 그러면 어떻게든 해줄 거야'라는 묘한 신뢰감을 얻기에 이르렀다.

그 후 나는 서른세 살에 소프트뱅크를 떠나 회사를 세웠지만, 지금도 1년에 한 번 정도는 벤처기업의 동료들을 데리고 손정의 회장을 찾아가 경영에 관해 보고하거나 상담을 받고 있다.

소프트뱅크를 그만둔 뒤에는 열심히 사업을 하면서 소프트뱅크 시절의 실적을 높이 평가받아 '연금기록문제작업위원회' 등 정부가 추진하는 일도 많이 맡게 되었다. 2015년 봄에는 토라이즈라는 일대일 영어 회화 교실을 시작했는데, 1년도 되지 않아 월간 흑자를 달성했다. 현재는 도쿄의 신주쿠와 롯폰기, 다마치미타, 오사카의 도지마에 센터를 개설했고 앞으로도 지속적으로 확대해 나갈 예정이다.

나는 소프트뱅크에서 단련한 업무 기술을 사용해 이 모든 프로젝트를 순조롭게 추진하고 있다. 또한 창업한 뒤로 야근을 전제로 한 비즈니스 모델을 배제하고, 아무도 야근하지 않으면서 회사를 성장시킬 방법을 지향해 왔다. 그 결과 현재 내 회사에서는 나를 비롯해 거의 모든 직원이 야근에서 해방되어 일뿐만 아니라 사생활도 충실한 인생을 보내고 있다.

나는 이런 실적을 가져온 업무 기술에 '고속 PDCA'라는 이름을 붙였다. 그리고 여러분이 그 방법을 쉽게 익혀 평생 실천할 수 있기를 바라며 이 책을 썼다. 단언컨대, 이 업무 기술을 구사하면 지금보다 훨씬 많은 일을 더욱 정확하게 할 수 있을 것이다.

좋은 결과가 나오지 않는 이유가 있다!

손정의 회장이 일하는 모습을 지켜보던 나는 사람들이 업무를 빠르게 진행하지 못하는 여섯 가지 원인을 깨달았다.

첫째, 계획에 완벽함을 추구하기 때문이다. 많은 사람이 계획의 면밀함에만 집착한 결과, 성과를 내는 단계까지 이르지 못한다.

둘째, 일구입혼(一球入魂: 공 하나하나에 혼을 담아서 던진다)주의 때문이다. 어떤 일을 할 때 그것을 해결할 방법을 하나씩 차례차례 시험해 보면서 엄청난 시간을 들인다.

셋째, 기한을 느슨하게 설정하기 때문이다. 목표를 설정하고 그것을 달성했는지 확인하는 간격이 대체로 일주일이나 1개월인 까닭에 왜 자신이 그 목표를 달성할 수 있었는지, 또는 왜 달성하지 못했는지 제대로 알지 못한다.

넷째, 수치로 설정되지 않은 모호한 목표 때문이다. 기껏 목표를 설정해 결과를 내고 있는데, 그것을 수치로 관리하지 않아서 다음에 활용하지 못한다. 업무의 가시화에 실패한 것이다.

다섯째, 어중간한 검증 때문이다. 여러 방법을 차례대로 시험하는 가운데 결국 무엇이 가장 효과적인 방법인지 알 수 없게 되어 최종 결과물이 확실하게 드러나지 않은 채 업무가 끝나 버린다.

여섯째, 자기 힘으로 해야 한다는 생각 때문이다. 대부분의 사람이 자신은 무엇이든 할 수 있다며 어떤 일을 새로 시작할 때마다 기초부터 공부하기 시작하여 결국은 아무런 성과도 내지 못하는 상황에 몰린다.

단언컨대 고속 PDCA로 이 여섯 가지 문제를 전부 해결할 수 있다. 고속 PDCA를 사용하면 시간을 들이지 않고 단기간에 최선의 방법을 알 수 있다. 게다가 수치를 통해 분석하는 방법이 있어 개선점을 정확히 알 수 있다.

"미래는 도전하는 자에게만 찾아온다."

손정의 회장이 한 말이다. 그가 거둔 수많은 눈부신 공적의 이면에는 사실 그 몇 배나 되는 실패가 숨어 있다. 그러나 실패했다고 멈추지 않고 계속 도전한 덕분에 손정의 회장과 소프트뱅크는 지속적으로 성장해 왔다.

이 책을 읽은 여러분이 이 시대에 필요한 중요한 업무 방식을 자신의 것으로 만들어 최고의 인생을 손에 넣기를 기원한다.

미키 다케노부

제0장 **고속 PDCA를 사용하면
초스피드로 일을 처리할 수 있는 이유**

제1장   고속 PDCA 실행 8단계

제2장

월간, 주간이 아니라 '매일'의 목표를 설정한다
| 고속 PDCA의 'P' |

동시에 모든 수단을 시험해 본다

제3장

| 고속 PDCA의 'D' |

제6장
'타인의 힘'을 빌려
PDCA를 더욱 빠르게 실행한다

P   L   A   N ———————————

D   O ———————————

C   H   E C K ———————————

A   C   T ———————————————

제0장

고속 PDCA를 사용하면 초스피드로 일을 처리할 수 있는 이유

이 책에서 나는 PDCA를 빠르고 기술적으로 적용함으로써
매우 빠른 속도로 성과를 올리는 '고속 PDCA'라는 기법을 정리했다.
그런데 어떻게 그것이 가능한지, 또 애초에 정말로 성과를 낼 수 있는
것인지 의심하는 사람도 있으리라 생각한다.
그래서 이 장에서는 소프트뱅크에서 고속 PDCA를 어떻게 사용했으며,
그 덕분에 어떤 결과가 만들어졌는지 구체적으로 이야기하려 한다.

소프트뱅크, 그 혁신의 비밀

소프트뱅크라는 회사는 한마디로 이렇게 표현할 수 있다.

'압도적인 스피드로 세계의 정상급 기업이 된 회사.'

이것은 '전례가 없는 일에 끝없이 도전을 거듭하여' 이루어 낸 성과다. 예컨대 1990년대에는 야후재팬(Yahoo! JAPAN)을 설립하고 남들보다 먼저 일본에서 검색 서비스를 시작했다. 2000년대에는 요금을 파격적으로 설정해 ADSL 사업에 뛰어들었고, 일본에 브로드밴드를 빠르게 보급했다. 또 2008년에는 아이폰을 일본 최초로 독점 판매해 '갈라파고스 휴대폰'이 주류였던 일본 휴대폰 시장의 판도를 뒤엎었다.

최근에는 다양한 점포에서 로봇 '페퍼(Pepper)'를 볼 기회가 늘어났는데, 이 또한 소프트뱅크가 개발한 것이다. 얼마 전까지만 해도 '로봇이 손님을 맞이한다니, 그거 SF 세계에서나 가능한 이야기 아니야?'라고 생각하는 사람이 많았지만, 이제는 그다지 신기한 광경이라고 할 수도 없다.

'일본 기업은 혁신을 일으키지 못한다'는 평가를 받는 가운데, 어떻게 소프트뱅크만이 이처럼 빠른 속도로 혁신적인 사업을 전개하고 있는 것일까? 그 이유는 간단하다. 소프트뱅크는 허용 가능한 리스크의 범위 안에서 할 수 있는 모든 일을 모조리 시험해 보고 있다.

'ADSL 사업으로 사용자를 500만 명이나 확보했다.' '아이폰을 폭발적으로 히트시켰다.' 일반인의 눈에는 이처럼 커다란 성공만 보인다. 뉴스에서 보도하는 정보만 보면 소프트뱅크가 어느 날 갑자기 거대한 목표에 도전해 단숨에 성공을 거머쥔 것처럼 보인다.

그러나 그것은 오해다. 이러한 결과들은 말하자면 최종 목표일 뿐이다. 그곳에 도달할 때까지 '갖가지 수단과 방법을 시험해 작은 성공과 실패를 쌓아 올리면서 거대한 목표에 도달한다'는 프로세스를 거쳐왔다. 화려한 성공의 뒤편에서 실로 수많은 사업이 실패로 끝났다. 나도 얼마나 많은 사업이 좌절되었는지 정확히는 알지 못한다.

각 사업을 진행하는 과정에서도 다양한 방법을 시도했다. 이를테면 ADSL 사업의 경우는 계약 건수를 늘리기 위해 일본 전역에서 파라솔을 치고 모뎀을 나눠 주기도 하고, 눈이 마주친 사람에게 다짜고짜 모뎀을 주기도 하고, 다른 상품과 세트로 판매해 보기도 하는 등 여러 가지 방법을 거쳤다.

아이폰 독점 판매권도 어느 날 갑자기 획득한 것이 아니다. 수년 전부터 소프트뱅크의 휴대폰과 아이팟을 세트로 판매하고, 소프트뱅크 모바일의 로고를 아이팟의 이미지 컬러와 같은 '흰색 바탕+은색'으로 변경하는 등 생각할 수 있는 온갖 방법을 동원해 애플과 관계를 만들어 나갔다. 그 덕분에 스티브 잡스의 신뢰를 얻어서 비즈니스 파트너로 선택될 수 있었던 것이다.

이처럼 소프트뱅크의 행보는 리스크가 큰 도전의 결과처럼 보여도 사실은 허용 가능한 리스크의 도전을 쌓아 올린 결과의 집대성이다. 물론 그 과정에서 실패나 좌절을 맛본 적도 많았다.

그러나 애초에 허용 가능한 범위의 리스크로 시작했으니 실패하더라도 뼈아픈 타격을 받지는 않는다. 오히려 귀중한 경험이 되어 다음 사업 계획에 활용된다.

'손정의 회장은 뛰어난 경영 센스와 감으로 다음 시대에 유행할 법한 것을 적중시키지. 도저히 보통 사람이 흉내 낼 수 있는 것이 아니야.' 이렇게 생각하는 사람이 많을 것이다. 그러나 사실 손정의 회장은 실패를 거듭하면서 성공을 향해 한 발 한 발

소프트뱅크가 급성장할 수 있었던 이유 ▬▬

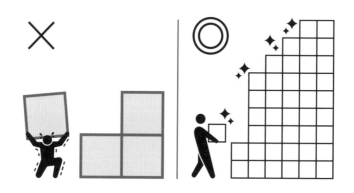

리스크가 적은 도전을 쌓아 올린 것이 승리의 비결!

다가갔다. 그리고 이 성공의 과정에서 끊임없이 PDCA를 실행했는데, 다만 사용법을 약간 궁리했다.

이렇게 말하면 누구나 '그건 손정의 회장이라는 카리스마 있는 리더가 이끄는 조직이기에 가능했던 일 아냐?'라고 생각한다. 그러나 그렇지 않다. 다음의 세 가지만 중시하면 누구나 할 수 있다.

① 머릿속에 떠오른 계획을 가능한 한 전부 동시에 실행한다.
② 하루 단위로 목표를 정한 다음 결과를 날마다 검토하고 개선한다.
③ 목표와 결과 모두 숫자로 관리한다.

이것을 나는 '소프트뱅크의 3원칙'이라고 부른다. '딱히 대단한 걸 하고 있지는 않네'라는 생각이 들 수도 있다. 그러나 특별할 것 없는 이 3원칙을 PDCA에 도입해 착실히 축적해 온 것이 소프트뱅크가 약진할 수 있었던 가장 큰 비결이다. 나는 이 PDCA에 '고속 PDCA'라는 이름을 붙였다.

일단 실행하므로 성공 확률이 높아진다

'이 3원칙을 실천한다고 해서 정말로 업무 속도와 결과가 달라질까?' 이렇게 의심하는 사람도 있을 것이다.

그렇다. 분명히 달라진다. 먼저 첫 번째 원칙, '머릿속에 떠오른 계획을 가능한 한 전부 동시에 실행한다'부터 살펴보자. 대부분 기업이 새로운 프로젝트를 시작할 때 면밀하게 계획을 세우고 그 가운데 사내에서 '이거라면 성공할 수 있겠어!'라고 승인받은 계획 하나만 실행한다. 이를테면 리스크를 최소한으로 줄이기 위한 프로세스라고 할 수 있다. 그런데 그 결과는 어떤가? 기대 이하의 성과에 그쳐 다시 다음 방법을 궁리하는 경우가 대부분이다.

그렇게 실패하는 것은 '이거라면 성공할 수 있겠어!'라는 판단 기준이 과거의 경험을 바탕으로 한 것이기 때문이다. 이를테면 새로운 고객을 개척하기로 결정했을 때, 10년 전에 최우수 영업사원으로 활약했던 사람에게 이런 조언을 받았다고 가정해보자.

"영업에서는 사람과 사람 사이의 관계가 중요해. 그러니까 전화부터 할 것이 아니라 직접 상대를 찾아가 얼굴을 마주하고 대화를 해야 하지. 하물며 이메일을 보내는 건 영업할 생각이 없다고 말하는 것이나 다름없어."

정말 그럴까? 정보통신기술이 발달한 시대에 이메일을 사용해서는 안 될 이유가 어디에 있는가? 어쩌면 이메일만 받겠다고 하는 사람도 있을지 모른다. 너무 과거의 경험에만 사로잡혀 있으면 오히려 리스크를 높일 수 있다. 많은 회사가 이런 상황에 빠져 있는 것은 아닐까.

한편, 소프트뱅크는 새로운 프로젝트를 시작할 때 일단 실행하면서 어떻게 진행할지 결정한다.

'신규 고객을 개척하는 건 그렇지 않아도 힘든 일이야. 지금까지 했던 방법으로는 새로운 고객을 얻기 어렵겠지. 먼저 상대와 만날 약속을 잡는 것이 최우선 과제이니, 확실히 약속을 잡을 수 있는 방법을 찾아내야 해.'

'일단, 상대와 연락할 수단으로는 직접 방문, 전화, 팩스, 이메일, 편지가 있어. 전부 시험해 봐서 가장 확실히 약속을 잡을 수 있는 방법을 찾자.'

결과에 입각해 궁리하므로 정확하다!

✕ 아무리 면밀한 계획을 세워도 정말로 성공할지는 알 수 없다.

⭕ 이것저것 시험해 보고 결과에 입각해 궁리하는 편이 정확하고 빠르다!

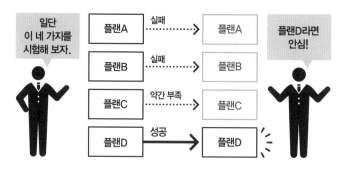

'다섯 가지 방법을 시험해 본 결과 팩스를 보내는 것이 가장 확실하게 상대하고 약속을 잡을 수 있는 방법이라는 걸 알았어. 그러니 이제부터는 팩스의 내용을 고민하자.'

이처럼 머릿속에 떠오른 생각을 차례차례 실행하고, 그중에서 비용 대비 효과가 가장 좋은 방법을 찾아낸 다음 그것에만 자원을 투입한다. 이 프로세스를 거치면 과거에 입증되었던 경험칙이 아니라 눈앞의 결과를 바탕으로 분석하고 전략을 수립할 수 있다.

군이 시간을 들여서 과거의 방대한 사례를 조사하거나 과거의 사례에 대해 토론할 필요가 없으므로 속도는 가장 빠르다. 이렇게 하면, 계획을 다듬는 동안 시간이 흘러 그 계획을 실행할 무렵에는 환경이 완전히 달라지는 바람에 결국 실패로 끝나는 일도 방지할 수 있다.

날마다 개선하므로 성장이 빠르다

이제 두 번째 원칙, '하루 단위로 목표를 정한 다음 결과를 날마다 검토하고 개선하는' 것이 어떤 변화를 가져오는지 살펴보자.

나는 소프트뱅크 시절부터 수많은 업무와 사업에 관여해 왔는데, 어떤 직장에서든 최상위권과 최하위권의 실적에는 큰 격차가 있었다. 같은 직장에서 똑같은 일을 하는데도 유능한 사람과 평범한 사람 사이에는 최대 3배의 격차가 발생한다. 이것이 나의 지론이다. 이 차이는 어디에서 생기는 것일까? 그것은 '품질'을 의식하는지 여부에 달렸다.

'야후BB' 프로젝트에서 콜센터 책임자를 맡았을 때, 나는 이 사실을 뼈저리게 실감했다. 오퍼레이터의 업무 품질은 '하루에 처리할 수 있는 전화 건수', '고객 1인당 대응 시간', '영업 전화를 걸어서 계약에 성공하는 비율' 같은 지표로 판단할 수 있다. 일을 잘하는 오퍼레이터가 하루에 30건을 처리한다면 평범한 오퍼레이터는 10건 정도를 처리했다. 유능한 오퍼레이터는 클레임 등의 어려운 일도 평균 5분 이내에 처리하지만 평범한 오퍼레이터는 15분 이상 걸린다. 그래서 '같은 일을 하는데 이렇게 성과가 다르다니!' 하며 깜짝 놀랐던 기억이 난다.

유능한 오퍼레이터는 1건당 통화 시간을 메모하거나 하루에 처리한 건수를 반드시 확인했다. 그리고 어떻게 대화를 하면 통화 시간을 단축할 수 있을지를 항상 궁리했다.

날마다 개선하므로 성장이 빠르다!

 보통 사람은 1개월 단위로 개선하기 때문에 성장이 느리다.

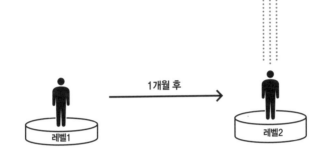

날마다 개선하면 보통 사람의 몇 배나 되는 속도로 성장한다.

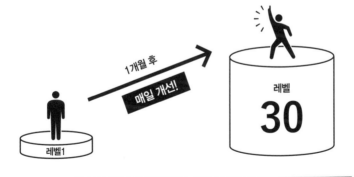

택시 기사도 마찬가지다. 나는 택시를 탔을 때 기사가 지리에 밝고 일을 잘하는 것 같으면 이렇게 묻는다.

"매출이 어느 정도나 나오나요? 회사에서 상위권이시죠? 다른 분하고 몇 배 정도 차이가 나죠?"

그러면 대체로 이런 대답이 돌아온다.

"3배 정도 차이 나는 것 같습니다."

그래서 "어떻게 3배나 차이가 나는 겁니까?"라고 다시 물어보면 모두가 같은 대답을 한다.

"생각하면서 운전하니까 그렇죠. 몇 시쯤 어떤 곳에 가면 얼마나 많은 승객이 있는지 매일 생각하면서 달리거든요. 그러면 다른 사람보다 많은 승객을 태울 수 있습니다."

택시 기사도 역시 날마다 결과를 검증하고 있는 것이다.

이처럼 일을 잘하는 사람은 반드시 자신이 한 일을 되돌아본다. 이는 달리 말해, 평범한 사람도 날마다 결과를 확인하고 개선해 나가면 높은 성과를 올릴 수 있다는 말이다.

소프트뱅크는 이 '언뜻 평범해 보이는 행동'을 꾸준히 계속해왔기에 기대했던 성과를 누구보다 빠르게 손에 넣을 수 있었다.

숫자를 이용하므로
정확한 행동을 할 수 있다

'목표와 결과 모두 숫자로 관리한다.' 마지막 원칙이다. '이건 나도 이미 하고 있어'라고 생각하는 사람이 많을지도 모르겠다. 그러나 혹시 감이나 경험으로 산출한 숫자는 아닌가? 소프트뱅크에서는 그런 수준의 숫자를 들이민들 아무도 이야기를 들어주지 않는다. 어떤 숫자를 산출했을 때 왜 그 숫자가 나왔는지 증명할 수 있는 수준의 분석이어야 한다.

예컨대 어느 편의점의 판매 실적에 대해 담당자가 '비가 내린 날에는 매출이 나빴던 적이 많고, 맑았던 날에는 매출이 좋았던 적이 많다'라고 분석했다고 가정하자. 소프트뱅크에서는 이런 수준의 분석이 통용되지 않는다. '비가 내린 날에는 매출이 나빴던 적이 많다'는 것은, 다시 말해 비가 내린 날에도 매출이 좋았던 적이 있었다는 뜻이다. 물론 '맑았던 날에는 매출이 좋았던 적이 많다'는 것 역시 맑았던 날에도 매출이 나빴던 적이 있었다는 뜻이다. 날씨가 매출에 영향을 끼쳤을 수도 있지만, 그 영향은 제한적이었다고 생각할 수 있다.

만약 소프트뱅크의 직원이었다면 비 내리는 날의 어떤 때 매출이 감소하고 어떤 때 증가하는지까지 분석했을 것이다. 여기까지 분석하면 사실은 날씨가 아니라 마침 그 편의점에서 세일을 했다든가 경쟁점이 쿠폰을 발행한 것과 관계가 있었음을 알게 될지도 모른다. 이렇게 정보가 모이면 그런 날에 대비해 대책을 강구할 수 있다.

막연하게 분석했던 것을 엄밀한 숫자로 살펴봄으로써 사건을 정확하게 파악한다. 그렇게 하면 최적화된 행동을 할 수 있다. 정확한 행동이란 목표 달성을 향한 올바른 접근이며, 시험하고 있는 방법이 옳은지 아닌지를 명확히 판단할 수 있는 행동이다.

숫자에는 사람을 움직이는 힘이 있다. 숫자로 어떤 목표를 세우면, 사람은 그 숫자를 달성하기 위해 구체적으로 무엇을 해야할지 궁리하기 시작한다. 명확한 숫자가 있으므로 어떤 전략을 세워야 어떤 수치를 달성할 수 있을지 생각할 수 있다. 그래서 숫자로 목표나 결과를 관리하면 성과에 더 빠르고 확실하게 다가갈 수 있는 것이다.

숫자로 생각하면
진짜 원인을 알 수 있다!

요일	월	화	수	목	금	토	일
날씨	☔	☀	☔	☔	☀	☀	☔
매출	10 만 엔	**30** 만 엔	5 만 엔	**20** 만 엔	**30** 만 엔	20 만 엔	10 만 엔
편의점		특판일		특판일	특판일		

매출이 증가한 것은 비뿐 아니라 편의점의 특판일 과도 관계가 있었어!

편의점의 특판일에 맞 춰서 우리도 뭔가 이벤 트를 마련해 보자!

숫자의 작은 변화를 놓치지 않고 '왜?'라고 생각하는 자세가 중요하다.

고속 PDCA의 효과 1 : 스스로 생각하는 힘

소프트뱅크는 이 3원칙을 중시함으로써 압도적인 속도로 성공을 거둘 수 있었다. 여기까지 이야기하면 이렇게 말하는 사람이 종종 있다.

"소프트뱅크에는 우수한 직원이 있으니까 그게 가능했지."

분명히 소프트뱅크의 직원들은 우수하다. 그러나 처음부터 우수했던 것은 아니다. 입사 초기에는 다른 기업에 들어간 사람과 별다른 능력 차이가 없기 마련이다. 아니, 과거에는 경력직으로 입사한 직원이 훨씬 많았고 옥석이 혼재했다.

그러나 평범했던 사람도 소프트뱅크에서 일하는 동안 소프트뱅크의 업무 방식에 익숙해져 높은 성과를 올리게 된다. 이 소프트뱅크의 업무 방식이 바로 '고속 PDCA'이며, 이 업무 방식을 철저히 반복함으로써 개인의 능력도 조직의 힘도 급속히 성장한다. 그래서 빠른 속도로 좋은 결과를 내는 것이다.

고속 PDCA를 사용하면 다음의 다섯 가지 힘을 얻을 수 있다.

① 스스로 생각하는 힘

② 숫자를 이용하는 힘

③ 낭비를 없애는 힘

④ 높은 의욕

⑤ 실패를 두려워하지 않는 힘

왜 이런 힘을 얻게 되는 것일까? 그리고 어떤 식으로 얻게 될까? 지금부터 살펴보자.

먼저, '① 스스로 생각하는 힘'이다. 보통 회사에서는 직원이 스스로 생각하고 움직이는 일이 거의 없지 않나 싶다. 대부분 상사나 선배가 자신들의 경험을 바탕으로 계획을 세우며, 부하직원은 그 계획에 따라 보고·연락·상담을 하면서 일한다. 이것이 일반적인 모습이 아닐까? 그러나 이래서는 평생 생각하는 힘이 생기지 않는다.

다이에(ダイエー, Daiei)라는 기업을 아는가? 한때 일본 최대 매출을 자랑한 적도 있는 소매 유통 기업이다. 창업자 나카우치 이사오는 현장을 좋아해서 사장과 회장이 된 뒤에도 매장을 찾아가 상품 진열 같은 사소한 부분까지 일일이 지시를 내렸다고 한다. 분명히 조직이 작았을 때는 카리스마 있는 최고경영자가 현장을 이끌면 활기가 생기고 조직이 강해진다. 이런 유형의 최고경영자는 날카로운 감으로 '무엇이 잘 팔리는지' 감지하는 능력

이 있기 때문에 한동안은 매출도 꾸준히 상승한다. 그러나 7만 명이 넘는 거대 조직의 최고경영자가 지금 현장에서 일어나고 있는 일을 하나부터 열까지 전부 파악한다는 것은 불가능하다. 실제로 본인도 나중에는 "이제는 현장에서 무슨 일이 일어나고 있는지 모르겠어"라고 말했다고 한다.

카리스마 넘치는 리더의 지시에만 의지하는 조직은 현장에서 일어나고 있는 눈앞의 변화에 대응하지 못하고 결국 침몰할 수밖에 없다. 실제로 한때 일본 소매 업계에서 최대 매출을 자랑했던 다이에는 1990년대 이후 경영이 기울기 시작했다. 게다가 나카우치가 경영에서 손을 떼자 급속히 쇠퇴했고, 결국 이온의 자회사가 되는 운명을 맞았다. 요컨대, 다이에는 부하직원이 상사의 지시를 따른 결과 쇠퇴한 것이다.

부하직원이 상사의 지시대로만 움직인다. '생각하는' 행위를 하지 않아도 그저 시키는 일만 수행하면 좋은 평가를 받는다. 설령 당장 매출이 하락해도 상사의 지시가 없으면 움직이지 않는다. 다이에가 쇠퇴한 이유는 직원들이 스스로 생각하는 시스템을 제대로 갖추지 않았기 때문이라고 해도 과언이 아니다.

그렇다면 소프트뱅크의 직원들은 어떻게 일할까? 예컨대 소프트뱅크가 마트를 운영한다고 가정하자. 손정의 회장이 직접

매장을 둘러보면서 양배추나 당근의 진열 방식까지 간섭하는
일은 절대 없을 것이다. 매장의 배치나 현장의 상품 회전은 고객
과 상품의 판매 동향을 직접 보고 있는 직원들에게 맡길 것이다.
그 대신 점포·매장·상품별 일일 매출액은 철저히 관리하고, 직
원들은 자신에게 부여된 목표 숫자를 달성하기 위해 필사적으
로 지혜를 짜낼 것이다.

스스로 생각하기에 '생각하는 힘'이 단련된다!

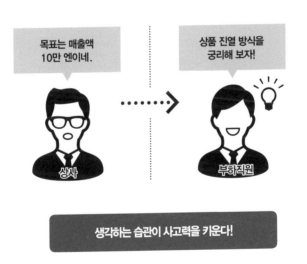

제0장 | 고속 PDCA를 사용하면 초스피드로 일을 처리할 수 있는 이유

'요즘은 독신 고령자가 늘어난 탓인지 양배추 한 포기를 그대로 사 가는 경우보다 반토막이나 1/4등분을 사 가는 경우가 더 많아. 그러니 반토막이나 1/4등분을 더 눈에 잘 띄게 배치해 보자.'

'갑자기 기온이 내려가는 바람에 차가운 샐러드가 팔리지 않네. 그렇다면 오늘은 따뜻하게 먹을 수 있는 전골 세트를 늘려 볼까?'

이런 것을 각 매장의 담당자가 철저히 '자신의 머리로 생각한다.' 그리고 현장에서 일하는 모두가 자신의 시도가 성공했는지 실패했는지 검증한 뒤, 이후에는 어떻게 해야 할지 궁리해 다시 실행한다. 이렇게 성과로 직결될 방법을 스스로 궁리하고 실천한다.

매일매일 궁리를 거듭하는 이런 행위가 일회성 이벤트가 아닌 지속적 성과를 실현하고 소프트뱅크의 직원들을 '생각하는 사람'으로 바꿔 나간다.

고속 PDCA의 효과 2 : 숫자를 이용하는 힘

"자네는 왜 이 숫자에 대해 대답하지 못하는 건가!"

어느 날, 임원회의에서 손정의 회장의 호통이 울려 퍼졌다. 손정의 회장은 회의에서 보고를 듣다가 조금이라도 신경 쓰이는 부분이 있으면 담당 임원에게 날카로운 질문 공세를 쏟아 낸다. 그리고 만약 상대가 질문에 제대로 대답하지 못하면 이처럼 불벼락을 내린다. 보통은 이때 '부하직원에게 확인해 보고 추후에 보고하겠습니다'라는 대답으로 당장 위기를 모면할 수도 있다. 그러나 소프트뱅크에서는 설령 임원이라 해도 자신이 담당하는 현장에 관해서는 숫자를 자세하게 파악하고 있어야 한다.

숫자로 이야기할 것을 요구받는 것은 임원만이 아니다. 현장의 직원에게도 자세한 숫자로 설명할 수 있는 능력을 요구한다.

소프트뱅크가 이렇게 숫자에 집착하는 데는 이유가 있다. 바로 손정의 회장의 신조이기 때문이다. 내가 소프트뱅크에서 일하던 시절에는 조직별 매출이나 신규 계약 건수 등의 실적이 날마다 그래프로 작성되었다. 지금은 아예 하루 단위가 아니라 실시간으로 변화하는 숫자를 확인할 수 있다.

회의에서는 이것을 본 손정의 회장이 직원들에게 쉴 새 없이 질문을 퍼붓는다.

"오늘은 왜 신규 고객이 3000건뿐인가?"

"이것을 5000건으로 늘리려면 어떻게 해야 하겠는가?"

직원들은 이런 질문에 대해 항상 최신 정보를 파악하고 목표보다 숫자가 좋게 나왔든 나쁘게 나왔든 그 이유를 분석해 향후의 대책까지 포함한 답을 제시해야 한다. 이것이 소프트뱅크의 직원들에게 주어진 임무이며, 이 특수한 환경에서 '숫자를 이용하는 힘'이 몸에 밴다.

숫자에 집착하는 데는 물론 다른 이유도 있다. 사람은 뭔가를 생각할 때 숫자를 사용하지 않으면 무의식적으로 모호한 발상을 하게 되어 어중간한 결과를 낳는 경향이 있다. 요컨대, 인간은 숫자 없이는 생각하지 못하는 동물이다. 그렇기 때문에 소프트뱅크에서는 숫자로 생각하는 것을 매우 중시한다.

"소프트뱅크 직원들은 우수하니까 그렇게 할 수 있는 거야."

이렇게 말한다면, 물론 처음부터 숫자에 강한 사람도 있다. 그러나 그런 사람은 극히 일부에 불과하다. 대부분은 원래 숫자에 약했다. 특히 문과 출신이라면 숫자에 약한 것이 더 일반적이다. 그러나 그런 사람도 소프트뱅크에서 고속 PDCA를 적용하여 일하다 보면 자연스럽게 숫자 감각이 날카로워진다.

'내일 매출을 오늘보다 10퍼센트 늘리려면 어떻게 해야 할까?'

'다음 달까지 고객 유치 건수를 월 평균 100건 늘리려면 어떤 점을 개선해야 할까?'

'4주 후까지 고객의 클레임을 30퍼센트 줄이려면 어떻게 해야 할까?'

이렇게 숫자와 마주하는 시간만큼 숫자에 강해지는 것이다. 결국 숫자 감각은 타고나는 재능이 아니라 일상적으로 숫자를 의식하면서 일하는지 여부에 달려 있다는 것이 내가 경험을 통해 내린 결론이다.

매일 숫자와 마주하기 때문에 '숫자를 이용하는 힘'이 단련된다!

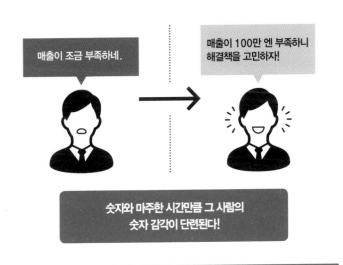

고속 PDCA의 효과 3 : 낭비를 없애는 힘

'80/20 법칙'에 대해서 들어 본 적이 있을 것이다. '일부 요소(20퍼센트)가 전체의 대부분(80퍼센트)을 결정한다'는 법칙으로, 달리 '파레토의 법칙'이라고도 부른다. 원래는 경제학자가 발표한 법칙인데, 현재는 비즈니스 세계에서도 폭넓게 활용되고 있다.

'상위 20퍼센트의 상품이 매출의 80퍼센트를 만들어 낸다.' '종업원이 100명인 회사의 매출 중 80퍼센트는 20명의 직원이 만들어 낸다.' 누구나 들어 보았을 법한 유명한 말이다.

이것을 개인의 업무에 적용하면 이렇게 바꿀 수 있다. '업무에서 발생하는 문제 80퍼센트의 원인은 20퍼센트의 업무에 있다.' 요컨대, 그 20퍼센트를 원활히 진행하면 업무에서 발생하는 문제 중 80퍼센트가 해결된다.

고속 PDCA를 실행하면 당신의 업무에서도 '80/20 법칙'이 보인다.

만약 영업사원이라면 이런 법칙이 성립한다. '매출의 80퍼센트를 20퍼센트의 고객이 만들어 낸다.' 예컨대 과거의 매출을 분석해 보니 '최근 3개월의 매출 가운데 80퍼센트를 IT 업계와 인바운드(inbound) 여행 업자가 만들어 내고 있다'는 결과가 나왔

우선순위를 알기에 낭비가 없다!

	영업 시간	월 매출액
인쇄회사	**50**%	**30**만 엔
IT회사	**50**%	**70**만 엔
합계	**100**만 엔	

우선순위를 알면 →

영업 시간	월간 매출액
20%	**20**만 엔
80%	**120**만 엔
합계	**140**만 엔

> 성과로 이어지는 일을 먼저 하면
> 결과는 반드시 좋아진다.

다고 하자. 이때는 그 두 업계에 집중하여 영업 활동을 벌이면, 좀 더 효율적으로 매출을 높일 수 있다.

업무에서 높은 성과를 올리려면 성과가 오르지 않는 일은 뒤로 미루고 확실히 성과를 올릴 수 있는 일에 집중하는 수밖에 없다. 그리고 이를 위해서는 항상 자신의 업무를 숫자로 검증해 우선순위를 정하고, 높은 성과를 내고 있는 일부터 실행해야 한다.

혹시 일을 하면서 이런 생각을 한 적이 없는가? '나는 지금 무엇을 위해 이 일을 하고 있는 걸까?' 이런 생각이 드는 것은 말 그대로 지금 무엇을 위해 일하고 있는지 알 수 없기 때문이다. 여기에는 다양한 이유가 있을 수 있다. 목적이 명확하지 않기 때문에, 그 일을 하는 의미를 알 수 없기 때문에 등……. 그러나 근본적인 원인은 업무의 우선순위를 알지 못한다는 데 있다.

우선순위를 알지 못한다는 것은 곧 업무에 낭비가 발생하고 있으며 무엇을 해야 성과가 날지 알지 못하는 상태라는 것을 의미한다.

앞서 소프트뱅크에서는 모든 것을 숫자로 관리한다고 말했다. 이렇게 숫자로 관리하면 어떤 업무가 목표 달성에 어느 정도 관여하는지 보인다. 그러면 그 업무를 지금 할 필요가 있는지, 사실 성과로 직결되는 다른 업무가 있지는 않은지, 이 업무의 이 부분은 낭비가 아닌지 등을 알 수 있다.

이렇게 해서 업무의 '낭비가 사라지는' 것이다.

하나하나의 프로세스를 숫자로 관리함으로써 업무가 '가시화' 되고 우선순위도 보이게 된다. 직원들이 성과로 직결되는 행동을 하면 조직의 낭비가 사라지고, 성장 속도도 당연히 빨라진다.

고속 PDCA의 효과 4 : 높은 의욕

직원들의 의욕은 기업 성장의 최대 원동력이다. 구성원들의 의욕을 어떻게 높이느냐가 기업의 성장으로 연결된다고 해도 과언이 아니다.

소프트뱅크의 직원들은 항상 '의욕에 차 있다.' 어떻게 그럴 수 있을까? 해답은 '경영자의 자세'에 있다.

나는 두 가지 유형의 경영자가 있다고 생각한다. 자신의 의중만으로 회사를 움직이는 '독재형' 경영자와 직원 한 사람 한 사람이 스스로 생각할 것을 촉구하는 '유닛형' 경영자다. 손정의 회장은 의외로 '유닛형' 경영자다. 카리스마 있는 경영자이기에 독재형으로 생각하기 쉽지만, 모든 일을 하향식으로 결정하지는 않는다. 그렇다면 '독재형'과 '유닛형'에는 각각 어떤 장점과 단점이 있을까?

손정의 회장처럼 카리스마 있는 경영자는 과거에도 많았다. 앞서 이야기한 다이에의 나카우치 회장은 그야말로 독재형 경영의 전형을 보여주었다. 그러나 이 방식은 직원들의 의욕을 떨어뜨리고, 결국 조직도 활기를 잃고 만다. 일할 때 가장 스트레스가 쌓이는 상황은 '그저 다른 사람이 시킨 일만을 해야 할 때'

스스로 생각하며 일하므로 의욕이 높다!

 지시받은 대로만 일해야 하는
업무 환경은 의욕을 떨어뜨린다.

이다. 밤늦게까지 회사에 남아 '과연 이 일을 하는 의미가 있는 걸까?'라고 생각하면서 상사가 지시한 일을 할 때만큼 괴롭고 공허한 순간은 없다.

그렇다면 손정의 회장은 어떨까? 유닛형 경영이라고 하면 언뜻 직원들의 부담이 커질 거라고 생각할지도 모른다. 그러나 직원 한 사람 한 사람이 스스로 생각하며 일하고, '오늘은 어제보다 20퍼센트나 매출이 올랐잖아! 내 아이디어가 통한 거야!'라며 그날그날의 성과를 실감한다면 긍정적으로 업무에 임할 수 있다.

이와 같은 손정의 회장의 '경영 자세', 그리고 그의 높은 요구 수준에 부응하기 위한 프레임워크를 갖춘 직원들이 '자신의 노력이나 고민으로 결과를 만들어 냈음을 실감'한다는 점, 이 두 가지가 있기에 소프트뱅크의 직원들은 의욕이 높은 것이다.

그리고 이 실감의 축적이 회사 전체의 의욕과 기세가 되어 성장을 뒷받침한다.

고속 PDCA의 효과 5 : 실패를 두려워하지 않는 힘

일을 할 때 우리를 가장 힘들게 하는 것은 실패에 대한 두려움이 아닐까? 그 압박감 때문에 좀처럼 도전하지 못하는 사람이 많다. 그러나 그렇게 해서는 성장할 수 없으며, 좋은 결과를 낼 수도 없다.

소프트뱅크에서는 그런 일이 없도록 '실패를 전제로 행동하는' 것을 규정화했다. 다른 기업에서는 생각할 수 없는 일일지도 모르겠지만, 소프트뱅크에서는 실패를 당연시한다. 그 덕분에 '실패를 두려워하지 않는 힘'이 생긴다.

물론 소프트뱅크에서도 실패는 용납되지 않는다. 그러나 실패를 실패로 만들지 않는 시스템이 있기에 실패를 허용하는 것이다.

손정의 회장도 지금까지 성공만 거듭해 온 것은 아니다. 도전했지만 실패한 비즈니스도 많다. 다만 처음부터 실패를 예상 범위에 포함한다. 그래서 설령 실패하더라도, 그것은 실패가 아니라 '아하, 역시 이 방법으로는 안 되겠구나' 하며 확인하는 작업이 된다. 요컨대, 소프트뱅크에는 '실패를 실패가 아니라 학습 과정으로 파악하는 시스템'이 있다.

실패를 확인했으면 '그렇다면 이런 방법은 어떨까?'라고 개선책을 강구하고 다시 실행한다. 빠르게 수많은 실패를 경험하면서 프로젝트를 차례차례 실행해 나가다 보면 반드시 목표 지점에 도달할 수 있다.

실패를 허용함으로써 결과적으로는 '절대 실패하지 않는 비즈니스'가 가능해진다. 이것이 소프트뱅크가 성공을 거듭하는 이유다.

실패를 '학습 과정'으로 바꾸는 핵심 열쇠는 다음 세 가지다.

첫째, 사전에 실패할 가능성을 상사에게 알린다.
둘째, 실패하더라도 성공할 계획을 제시한다.
셋째, 전부 동시에 실행한다.

소프트뱅크가 아니라 어떤 회사라도 이 세 가지를 실천하면 실패를 학습의 과정으로 인식한다.

실패가 실패로 끝나는 이유는 성공할지 알 수 없는 것을 마치 반드시 성공할 것처럼 말하기 때문이다. 당장 내일 무슨 일이 일어날지 알 수 없는 오늘날에는 실제로 해보지 않고서는 성공할지 실패할지 알 수 없는 일들이 가득하다. 그러므로 사전에 실패 가능성을 명시한 다음, '실패할 경우 그 실패에서 교훈을 얻어 성공에 더욱 다가갈 수 있다'는 사실을 관계자에게 이해시킬 필요

실패를 허용하기에 도전할 수 있다!

실패할지도 모르지만,
만약 성공한다면 이렇게
큰 성과를 낼 수 있습니다!

부하직원

좋았어, 해보게!

상사

야호! 생각한 것보다
더 큰 성과를 냈어!

부하직원

도전할 수 있는 환경이 조성된 회사에서는
직원들이 실패를 두려워하지 않고 도전한다.

가 있다. '실패할지도 모르므로 도전하지 않는' 것은 곧 '우리는 성장을 포기했습니다'라고 말하는 것이나 다름없다. 리스크를 얼마나 허용할 수 있느냐가 개인과 기업이 성장하기 위한 열쇠인 것이다. 그렇다면 실패할 것을 전제로 일을 진행하는 수밖에 없다.

많은 사람이 실패를 두려워한다. 이것은 실패를 실패로만 생각하기 때문이다. 그러나 실패를 성공으로 향하는 과정의 일부라고 생각하면 그것은 더 이상 두려운 것이 아니다. 그리고 이 과정을 반복하다 보면 어느덧 실패가 실패가 아니라는 것을 깨닫게 된다.

P L A N ————————

D O ————————

C H E C K ————————

A C T ————————

제1장

고속
PDCA
실행
8단계

지금까지 고속 PDCA를 실천하면 높은 실적을 올릴 수 있는 이유를 설명했다.
그 포인트는 세 가지 원칙과 직원들의 능력 육성에 있었다.
이 장에서는 고속 PDCA가 어떤 프레임워크인지, 그리고 구체적으로
어떻게 실행해야 할지에 관해 이야기한다.

PDCA와 '고속 PDCA'의 차이

'PDCA가 어떤 프레임워크였더라?' 이렇게 생각하는 사람이 의외로 많다. 무의식적으로 PLAN(계획), DO(실행), CHECK(검증), ACT(개선)라는 PDCA 사이클에 따라 일한 경험은 있지만 자세한 내용은 모른다. 솔직히 말하면, 의식하면서 적용한 적이 없다.

이런 사람을 위해 이야기를 진행하기에 앞서 PDCA를 복습해 보자. 먼저, 위키피디아에 PDCA가 어떻게 소개되어 있는지 살펴보자.

- **Plan(계획)**: 기존 실적이나 미래 예측 등을 바탕으로 업무 계획을 작성한다.
- **Do(실행)**: 계획에 따라 업무를 실시한다.
- **Check(검증)**: 계획에 따라 업무를 하고 있는지 검증한다.
- **Act(개선)**: 계획에 따라 실시하지 않은 부분을 조사해 개선한다.

이 4단계를 순차적으로 실시해 한 바퀴를 돌렸으면 마지막 Act를 다음 PDCA 사이클로 연결한다. 그리고 한 바퀴를 돌릴 때마다 사이클을 향상하며 나선을 그리듯이(스파이럴 업spiral up) 계속적으로 업무를 개선한다.

그렇다면 실제로는 어떻게 돌아갈까? 예컨대 매출이 좀처럼 늘지 않는 편의점이 있다고 가정하자. 이 편의점에서 이용자를 대상으로 설문조사를 한 결과 매출액이 증가하지 않는 원인이 상품의 매력 부족에 있다는 것을 알았다. 점장은 즉시 신제품을 입고하기로 결정했지만, 어떤 상품을 들여와야 할지 감이 잡히지 않았다.

그래서 PDCA 사이클을 이용해 잘 팔리는 신제품을 찾기로 했다.

① 신제품 목록에서 잘 팔릴 것 같은 상품을 한 가지 고른다.

② 신상품의 1개월간 판매 목표를 세운다(Plan).

③ 선택한 상품을 판매하기 시작한다(Do).

④ 1개월 뒤에 신상품의 매출을 검증한다(Check).

⑤ 팔리지 않은 이유를 분석하고, 더 많이 팔릴 것 같은 신상

　품을 판매하기 시작한다(Act).

⑥ ②~⑤의 프로세스를 반복해 잘 팔리는 상품을 찾아낸다.

일반적인 PDCA

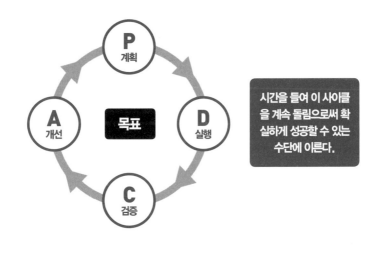

시간을 들여 이 사이클을 계속 돌림으로써 확실하게 성공할 수 있는 수단에 이른다.

이렇게 해서 잘 팔릴 것 같은 신상품을 가늠한다. 그러면 언젠가는 그 가게의 매출을 올려 줄 신상품이 발견될 것이다. 이것이 통상적인 PDCA 사이클의 기본이다.

소프트뱅크도 이 기본적인 개념은 당연히 중시하지만, 궁리를 통해 더욱 빠르고 확실하게 PDCA를 실행한다. 어떤 식으로 실행하는지는 앞에서 이야기한 편의점 사례를 통해 설명하면 이해가 빠를 것이다.

① 신상품의 '1개월 판매 목표'를 결정한다.

② '1개월 판매 목표'에서 역산해 '1일 판매 목표'를 세운다.

③ 신상품 목록을 작성하고 1개월별, 1일별 판매 목표를 세운다(Plan).

④ 목록에 오른 모든 상품을 동시에 판매한다(Do).

⑤ '1일 목표'를 달성했는지 날마다 검증한다(Check).

⑥ 검증 결과를 바탕으로 상품 배치, 진열 방식 등을 날마다 개선한다(Act).

⑦ 1개월 뒤에 어느 것이 '1개월 판매 목표'를 달성할 수 있는 상품인지 숫자로 검증한다.

⑧ '1개월 판매 목표'를 달성할 수 있는 상품으로 대상을 압축

해 판매한다.

일반적인 PDCA와 어떤 점이 다른지 알겠는가? 핵심은 다음과 같다.

- '큰 목표(1개월 판매 목표)'와 '작은 목표(1일 판매 목표)'가 있다.
- 하나의 상품을 순서대로 시험해 보는 것이 아니라 복수의 상품을 한꺼번에 시험한다.
- 1개월 뒤에 결과를 검증하는 것이 아니라 매일 결과를 검증한다.
- 가장 우수한 상품으로 대상을 좁히고 그 상품에 집중한다.

편의점 이용자나 주변에 사는 사람의 속성 혹은 행동 패턴을 자세히 조사할 여유가 있다면 히트할 것 같은 상품이 주먹밥인지, 아이스크림인지, 빵인지, 음료수인지 점찍을 수 있을지도 모른다.

그러나 그것도 어디까지나 예측일 뿐, 확실한 답이라고는 말할 수 없다. 그렇다면 처음부터 하나의 정답을 찾아내려 하지 말고 히트할 것 같은 상품을 동시에 전부 진열한다. 그러면 무엇이 잘 팔리는 상품인지 자연스럽게 밝혀진다. 이것이 고속 PDCA다.

이 방법을 이용하면 PDCA보다 빠른 속도로, 그리고 정확하게 무엇이 주력 상품이 될지 알 수 있다. 일을 진행하는 프레임워크의 차이가 그대로 결과로 직결된다.

고속 PDCA의 흐름을 정리하면 다음의 8단계가 된다.

① 큰 목표를 세운다(주 단위, 월 단위 등).

② 작은 목표를 세운다(일 단위가 원칙).

③ 목표 달성을 위해 효과적인 방법의 목록을 작성한다.

④ 기간을 정하고 모든 방법을 동시에 시험해 본다.

⑤ 날마다 목표와 결과의 차이를 검증한다.

⑥ 검증 결과를 바탕으로 매일 개선한다.

⑦ 가장 우수한 방법이 무엇인지 밝혀낸다.

⑧ 가장 우수한 방법을 갈고닦아 더욱 발전시킨다.

실행하면서
생각하므로 빠르다!

✕ 보통 회사는 P(계획)에
시간과 노력을 지나치게 들여 시간을 낭비한다.

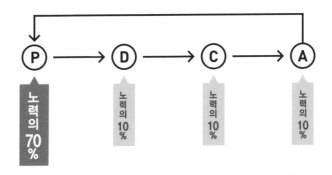

◎ 소프트뱅크는 '실행'과 '검증'에
힘을 들이는 까닭에 PDCA가 빠르게 돌아간다!

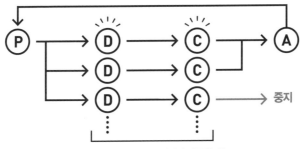

노력의 80퍼센트를 여기에 집중한다!

만약 신입 영업사원이
고속 PDCA를 적용한다면

고속 PDCA가 어떤 프레임워크인지 좀 더 이해하기 쉽도록 이번에는 영업을 예로 들어 설명한다. 먼저, 다음에 소개하는 신입 영업사원이 왜 목표량을 달성하지 못했는지 생각해 보자.

복사기·팩스 복합기 영업 대리점에 입사한 신입사원이 있다. 그는 영업을 단 한 번도 경험해 본 적이 없는데, 입사 다음 날부터 영업을 시작했다.

상사가 제시한 목표량은 월 5건의 계약이었다. 상사는 가망 고객 목록을 몇 장 주고는 위에서부터 순서대로 전화를 걸어 약속을 잡은 상대를 방문하라고 지시했다. 상사의 조언은 한마디뿐이었다. "열심히 하게. 뭐든지 경험해 봐야 해."

그로부터 1개월 동안 신입사원은 목록의 고객에게 열심히 전화를 걸었다. 그러나 상대는 전화를 받지 않거나 통화 도중에 전화를 끊어 버렸고, 약속을 잡는 데 성공한 건수는 고작 2건에 불과했다. 신입사원은 그 2건이라도 어떻게든 계약을 성사시키려고 고객을 찾아갔지만, 결국 단 1건도 계약을 맺지 못하고 말았다.

여러분은 이 신입사원이 목표량을 채우지 못한 이유가 무엇이라고 생각하는가?

'아직 경험이 일천한 신입사원이니 어쩔 수 없잖아.'

'가르쳐 준 대로 했는데 실패한 건 그 신입사원의 능력이 부족해서일지도 몰라.'

'상사의 지도 방법이 잘못되어서 그래.'

분명히 이런 요인이 없다고는 말할 수 없다. 그러나 과연 이유가 이것뿐일까? 이 신입사원이 3개월 또는 6개월 동안 경험을 쌓는다면 언젠가는 월 5건의 목표량을 채울 수 있을까?

나는 불가능하다고 생각한다. 소프트뱅크의 관점에서 바라보면 그 원인은 명확하다. 이 신입사원이 목표량을 달성하지 못한 이유는 다음의 세 가지로 집약할 수 있다.

첫째, 아무런 고민 없이 전화를 걸었다.

둘째, 매일의 결과를 기록하지 않았다.

셋째, 자신의 업무를 숫자로 파악하지 않았다.

요컨대 0장에서 소개한 '소프트뱅크의 3원칙'과 정반대로 행동한 것이다. 많은 사람이 실제로 이렇게 일하고 있다. 이것이 좀처럼 성과를 내지 못하는 이유다.

만약 소프트뱅크의 신입사원이라면 어떤 식으로 일할까? 앞에서 소개한 8단계에 대입해서 생각해 보자.

신입사원은 '1개월 동안 5건의 계약을 성사시킨다'를 큰 목표로 설정하고(①), 이 목표를 이루기 위해 이를테면 '하루에 가망 고객 10명과 3분 이상 대화한다'는 작은 목표(개인 목표)를 세웠다(②).

그리고 작은 목표를 달성하기 위해 상사에게 받은 목록의 '가망 고객'(③)에게 전부 전화를 걸었다(④). 목록의 연락처에 전화를 걸 때마다 '몇 분 동안 이야기할 수 있었는가?', '어떤 내용의 이야기를 했는가?' 등을 상세히 기록했다. 또한 자기 소개 방법을 바꿔 보거나 다양한 패턴의 질문을 던지는 등 머릿속에 떠오르는 온갖 영업용 대화법을 시험해 봤다.

그리고 하루 업무가 끝나면 개인 목표를 달성했는지 반드시 확인하고(⑤) 내일은 어떻게 전화를 걸어야 할지 고민했다(⑥).

일주일 정도 지났지만 아직 약속을 잡지 못했다. 그래도 기록을 하는 사이에 전화를 건 상대의 취미나 나이에 따라 전화를 받을 확률이나 대화 시간이 달라진다는 점을 깨달았다(⑦).

그래서 2주차에는 기록을 바탕으로 전화를 잘 받아 주는 범주의 가망 고객에게 집중적으로 전화를 걸었다(⑧). 그러자 3분 이상 대화하는 데 성공한 상대가 목표인 10명을 넘었고, 일주일 동안 약속을 5건 잡을 수 있었다.

3주차에는 약속을 잡은 상대를 방문했고, 그중 한 사람을 쇼룸으로 안내해 자사 제품을 실제로 시험해 보게 하는 데 성공했다. 그리고 4주째에는 그 상대에게 첫 계약을 따낼 수 있었다.

결과적으로 '5건의 계약'이라는 목표량은 달성하지 못했지만, '하루에 10명과 3분 이상 대화한다'는 목표를 일주일에 걸쳐 매일 달성하면 1개월 후 1건의 계약은 따낼 가능성이 있음을 알았다.

신입사원은 다음과 같이 생각하고 이를 꼭 실행하기로 결심한다.

'다음 달에는 하루에 10명과 3분 이상 대화하는 것을 매일의 목표로 삼자. 그러면 매주 1건은 계약을 따낼 수 있을 것이고, 그것이 누적되면 한 달에 계약을 5건 성사시킬 수 있겠어!'

이 신입사원은 다음 달부터 매월 목표량을 달성할 수 있을 것이다. 왜냐하면 고속 PDCA를 통해 가장 우수한 방법을 손에 넣었기 때문이다. 높은 비용도 능력도 필요 없이 허용 가능한 리스크의 범위에서 실행할 수 있는 영업 기법을 모조리 시험하여 '하루에 10명, 3분 이상 대화한다'는 작은 성공을 축적한 끝에 마침내 '1개월에 5건의 계약을 성사시킨다'라는 최종 목표에 도달한다. 이렇게 시행착오를 거치면서 초스피드로 PDCA를 실행하면 설령 경험이 없는 신입사원이라도 확실히 목표를 이룰 수 있다.

'하면 된다.' '의욕이 있으면 극복할 수 있다.' 이런 근성론으로 성과를 내지 못하는 것은 그 사람의 책임이 아니다. 그보다는 상사의 교육 방법, 사고방식이 좋지 않은 것이다. 자신이 시험한 결과를 기록하고, '목록의 누구에게 전화를 걸면 오래 대화할 확률이 높은가?', '어떤 내용의 대화를 하면 상대가 흥미를 보이는가?' 등을 매일 검증하며 더 나은 방법을 강구하는 것이 올바른 방법이다.

'정말 그렇게만 하면 소프트뱅크처럼 빠른 속도로 좋은 결과를 낼 수 있게 될까?' 이렇게 의심하는 사람이 아직도 있을 것이다. 그러나 실제로 소프트뱅크는 다양한 프로젝트에서 이와 똑같은 방법을 실천함으로써 일본의 정상급 기업으로 성장할 수 있었다.

고속 PDCA가
소프트뱅크의 급성장을 이끌었다

그렇다면 소프트뱅크에서는 이 프레임워크를 어떻게 사용했을까? 소프트뱅크는 창업한 지 불과 30여 년 만에 8조 엔(한화 약

80조 원) 규모의 기업으로 성장했다. 이렇게 급성장한 것은 소프트뱅크가 다른 회사와는 다른 전략을 가졌기 때문이다. 그 전략이 바로 고속 PDCA다.

기업이 크게 성장하기 위한 프로세스는 다양하지만, 일본에는 다음과 같은 전략이 많은 듯하다. '자사가 위치한 시장의 기회와 위협을 파악하고 자사의 강점과 약점, 경쟁사의 강점과 약점을 분석해 이를 바탕으로 기업의 유지·발전을 꾀한다.'

예를 들면, 창업자가 잘하는 분야를 사업으로 확대해 나가는 패턴이다. 파나소닉이 그 전형적인 사례다. 마쓰시타 고노스케가 창업한 파나소닉은 처음에는 셋집에서 전구용 소켓을 만드는 것으로 출발했다. 그리고 이를 시작으로 램프와 라디오, 텔레비전 등 온갖 가전제품을 만들었고, 현재의 지위를 구축했다. 그밖에도 소니, 도요타, 혼다 등 현재 일본을 대표하는 많은 대기업이 이런 식으로 성장했다.

비즈니스 감각이 우수한 기술자 한 명이 자신의 기술력으로 그때까지 존재하지 않았던 편리한 물건을 만들고, 그것을 본업으로 삼아서 비즈니스를 확대한다. 그리고 제조뿐 아니라 판매에 이르기까지 사업을 확장해 조직을 성장시켜 나간다. 이것이 지금까지 일본 기업의 성장 스토리였다고 해도 과언이 아니다.

그런데 소프트뱅크는 사정이 다르다. 소프트뱅크에는 엄밀하게 말해 본업이라는 것이 없다. 손정의 회장의 전략은 조금 어려운 표현을 사용하자면 다음과 같다. '자사가 우위를 차지할 가능성이 있는 새로운 시장을 탐색·선택하고, 그 우위를 확립하기 위한 사람과 물자·돈·정보 등의 경영 자원을 협상을 통해 단기간에 조달해 단숨에 넘버원을 지향한다.' 요컨대, 신규 사업을 계속 벌이고 그 사업을 성공시킴으로써 기업 규모를 확대해 나간다는 말이다.

실제로 소프트뱅크 그룹은 수많은 분야에 발을 걸치고 있다. 통신사업부터 휴대폰 유통 사업, 금융업, 야구단 운영, 정보 발신 사이트, 출판, 발전(發電) 사업, 게임 사업, 로봇 사업 등 일일이 나열하기도 힘들 정도다.

처음에는 손 회장이 사장으로 취임했다가 어느 정도 규모가 커지면 부하직원에게 회사를 맡기고 다음 신규 사업을 육성한다. 앞으로 어떤 사업이 성장할지는 아무도 알 수 없다. 그러므로 가능한 한 많은 수단을 궁리하고 이를 실행한다. 그럼으로써 목표의 실행 가능성을 최대화해 나가는 것이다. 그래서 일반 기업과 달리 소프트뱅크는 성장 과정에서 수많은 M&A를 단행해왔다.

이것이 바로 고속 PDCA다. 즉 분야를 막론하고 앞으로 성장할 것 같은 사업을 탐색해 가능성이 있다고 판단되는 사업이 보이면 전부 투자한다. 그리고 그 가운데 성장 가능성이 보이는 사업에 자원을 집중해 규모를 빠르게 키워 나간다. 처음부터 주력으로 점찍어 놓은 사업은 없으며, 성장한 것이 본업 중 하나가 된다. 야후재팬과 ADSL을 비롯한 모든 사업이 이 방법으로 발굴되었고, 살아남았다.

이처럼 소프트뱅크는 다른 회사가 자사의 본업에 역량을 집중하는 동안 계속해서 주력 사업을 만들어 냄으로써 급속히 규모를 확대해 왔다.

내 사업이 창업 1년 만에
흑자를 달성한 이유

나는 소프트뱅크를 그만두고 내 회사를 차렸다. 그리고 이곳에서도 고속 PDCA를 사용해 사업을 정상 궤도에 올리는 데 성공했다.

2015년 5월에 영어 학습 서비스인 '토라이즈'라는 사업을 시작했다. 아직 시작한 지 1년밖에 안 되었지만, 이미 회원 수 350명을 넘겼다. 서비스를 시작했을 때 모니터 회원 세 명밖에 없었음을 생각하면 내가 생각해도 놀라운 숫자다. 수강 희망자를 대상으로 한 무료 카운슬링도 처음에는 자사의 아담한 방에서 했지만, 지금은 도쿄의 롯폰기와 신주쿠, 다마치미타, 오사카 도지마 네 곳에 학습 센터를 열었다. 그리고 조만간 도심지인 아카사카에 다섯 번째 학습 센터를 개설할 예정이다.

토라이즈는 기존의 영어회화 스쿨과 비교하면 상식 밖의 서비스다. '1년에 1000시간의 영어 학습으로 실생활에서 사용할 수 있는 영어를 익힌다.' 이것이 토라이즈의 가장 큰 특징이다. 영어라고는 한마디도 못했던 내가 1년에 1000시간을 공부해 영어를 마스터했던 경험에서 탄생한 사업이다. 또한 미국인이 일본어를 학습하려면 최소 2200시간의 학습이 필요하다는 학술 자료도 참고했는데, 그 반대 역시 참이라고 가정했을 때 많은 사람이 이미 학교에서 약 1200시간의 수업을 받았으므로 어른이라면 나머지 1000시간의 공부가 필요하다고 계산했다.

그런데 이 비즈니스 플랜을 제안하자 회사 안팎에서 반대가 쏟아졌다.

"바쁜 회사원이 1년에 어떻게 1000시간이나 영어 공부를 할 수 있겠는가? 불가능하다."

이것이 다수의 의견이었다. 게다가 전속 트레이너가 일대일로 수강자를 지원한다는 서비스 내용에도 의문부호가 붙었다. 한 사람 한 사람에게 개인 트레이너가 붙으므로 그만큼 인건비가 들어가 수강료가 비싸진다. 당연히 '다른 영어회화 스쿨에 비해 너무 비싸다'는 의견이 쏟아졌다. 그러나 내게는 승산이 있었다. 영어 학습 업계에서는 상식 밖일지도 모르지만 다른 업계에서는 이미 같은 비즈니스 모델이 성공을 거두고 있다. 개인 트레이너를 붙여서 반드시 다이어트를 성공시키겠다고 홍보한 피트니스센터가 커다란 열풍을 불러일으킨 것을 여러분도 이미 잘 알고 있을 것이다. 그래서 '트레이닝이 혹독하더라도, 요금이 비싸더라도, 결과만 확실히 보장된다면 니즈는 있을' 것이라는 확신이 있었다.

비즈니스 모델뿐 아니라 '고객 1인당 획득 비용'을 설정할 때도 이 피트니스센터를 모델로 삼았다. 피트니스센터 운영사의 재무제표를 분석하고 피트니스 업계에 해박한 컨설턴트에게 이야기를 듣는 등 업계의 구조를 철저히 연구했다. 그 수치를 바탕으로 '수강자 1인을 입회시키기 위해 얼마까지 돈을 들여도 되는지' 그 지표를 결정할 수 있었기에 목표 설정 단계에서 불필요한 수고나 노력을 허비하지 않고 시작부터 단숨에 전력 질주를 할 수 있었다.

사업을 시작할 때 창업 인큐베이션 회사로부터 출자를 받았다. 그곳에서 나는 출자자에게 이렇게 약속했다. "1년 후인 2016년 6월까지 반드시 월간 흑자를 달성하겠습니다." 요컨대, 지향하는 목표를 설정한 것이다.

다만 이렇게 덧붙였다. "그 대신 처음에는 많은 비용을 들여서 회원 모집 프로모션을 전부 시험해 볼 것입니다. 그래서 일시적으로는 고객 1인당 획득 비용이 올라가겠지만, 시험한 방법 중에서 좋은 것을 골라 1년 후까지는 목표치에 수렴하도록 만들겠습니다." 그 선언대로 나는 온갖 회원 모집 방법을 시험해 보았다.

웹사이트 광고나 페이스북 광고는 물론이고 택시 광고, 전단지 광고도 했다. 인터넷 광고대행사는 네 곳을 이용했다. 복수의 광고대행사를 이용한 이유는 운용 능력에 차이가 있기 때문이다. 같은 웹사이트 광고라 해도 문구 작성이나 사이트로 유도하는 방식은 광고대행사에 따라 다르다. 회사의 규모와 매출은 크지만 실수가 잦은 곳도 있고, 같은 광고대행사 안에서도 담당자의 능력이 떨어지면 성과가 나지 않기도 한다. 이것만큼은 해보지 않고서는 알 수 없다.

한번은 신규 가입과 무료 카운슬링 신청이 열흘 정도 뚝 끊긴 적이 있었다. 그래서 원인을 찾다 보니 그달은 물론이고 지난달에도 오디언스 네트워크(audience network)라는 기법의 광고를 낸 시기에 신청이 전무했음을 알게 되었다. 물론 즉시 그 광고를 중단했다. 광고대행사에서는 '저렴한 가격으로 다수의 타깃층에 접촉할 수 있는, 비용 대비 효과가 매우 좋은 광고'라고 설명했고, 광고 진행 후의 임프레션(광고가 표시되는 횟수)도 순조로웠다. 그래서 '많은 사람이 보고 있으니 신청도 늘어나겠지'라고 기대했는데, 현실은 정반대였던 것이다.

다른 사업에서는 이 광고가 효과를 발휘하는 경우도 있을 것이다. 다만 내가 하는 비즈니스와는 맞지 않았다. 일반적인 평가가 좋다고 해서 내게도 반드시 좋은 결과가 나온다는 보장은 없음을 새삼 실감했다.

나는 이처럼 광고 채널별로 효과와 비용을 측정하면서 사업을 계속 개선해 나갔다. 물론 프로세스별 수치도 관리했다. 고객을 확보하기까지의 흐름을 프로세스별로 나누면 다음과 같다. 광고를 이용한 고객 모집→무료 카운슬링→입회. 그래서

'무료 카운슬링을 빌으러 온 사람 가운데 몇 퍼센트가 입회하는 지'를 산출하고 그 수치의 변동도 확인했다. 만약 지난주에는 50퍼센트였는데 이번 주에는 30퍼센트로 하락했다면 뭔가 원인이 있을 것이다. 어쩌면 광고의 타깃층이 잘못 설정되어서 영어 학습 의욕이 그다지 높지 않은 사람까지 무료 카운슬링을 받으러 왔을지도 모른다. 아니면 무료 카운슬링을 담당하는 직원이 미숙해서 고객에게 입회할 마음이 생기도록 프레젠테이션을 하지 못했는지도 모른다. 이와 같이 여러 가지 이유를 생각할 수 있는데, 이에 대해 광고의 종류를 재검토하거나 직원 연수를 강화하는 등의 개선책을 실행하고 다시 수치 변화를 확인했다.

이와 같이 '고속 PDCA'를 계속 실행한 결과, 1년 뒤인 2016년 6월에는 약속대로 흑자화에 성공할 수 있었다. 고객 1인당 획득 비용도 1년 전에 비해 약 40퍼센트나 절감하는 데 성공했다. 이 또한 온갖 고객 모집 방법을 시험해 보고 무엇이 '가장 좋은 방법'인지 알아낸 덕분이다.

소프트뱅크의 고속 PDCA를 실천하면 주위에서 무리라고 반대하는 도전도, 자신이 경험해 본 적 없는 일도 확실히 결과를 낼 수 있다. 이번 경험을 통해 나는 그 효과를 다시 한 번 확신했다.

고속 PDCA를 실천하는
5가지 비결

지금까지 내 경험을 바탕으로 고속 PDCA가 현장에서 어떻게 기능하는지 이야기했다. 다음 장부터는 고속 PDCA를 '일상 업무에서 실천하는 비결'에 관해 설명한다. 고속 PDCA를 실천하는 단계는 앞에서 소개한 바와 같다.

① 큰 목표를 세운다(주 단위, 월 단위 등).
② 작은 목표를 세운다(일 단위가 원칙).
③ 목표 달성을 위해 효과적인 방법의 목록을 작성한다.
④ 기간을 정하고 모든 방법을 동시에 시험해 본다.
⑤ 날마다 목표와 결과의 차이를 검증한다.
⑥ 검증 결과를 바탕으로 매일 개선한다.
⑦ 가장 우수한 방법이 무엇인지 밝혀낸다.
⑧ 가장 우수한 방법을 갈고닦아 더욱 발전시킨다.

이 흐름을 다섯 장(章)으로 나눠 이야기할 것이다.

제2장 매일의 목표를 설정한다.

①, ②, ③에 관한 내용이다. 그리고 '실행'을 빠르게 결단하는 방법도 설명한다. 목표를 세우는 데 서툰 사람도 많으리라 생각하는데, 그것은 목표를 세울 때 너무 자세하게 사전 조사를 하기 때문이 아닐까? 좀 더 가벼운 마음으로 목표를 세워도 된다. 그 비결을 적었다.

제3장 동시에 모든 수단을 시험해 본다.

④, ⑤, ⑥에 관한 내용이다. 고속 PDCA에서는 얼마나 많은 방법을 시험해 볼 수 있느냐가 중요하다. 이를 위해서는 먼저 아이디어를 풍부하게 내놓아야 한다. 그리고 상사나 동료를 끌어들여 그것을 실행에 옮긴다. 실행한 내용을 기록하고 검증해서 개선해 나간다. 이 사이클을 잘 돌리는 비결을 적었다.

제4장 숫자로 엄밀하게 검증한다.

숫자로 관리하는 방법에 관한 내용이다. 아무리 좋은 목표를 세운들 그것만으로는 PDCA를 원활히 실행할 수 없다. 정확한 분석이 필요하다. 이를 위한 기술에 관해 적었다.

제5장 가장 좋은 방법만을 연마한다.

⑦, ⑧에 관한 내용이다. 고속 PDCA의 최종 목표는 가장 확실하게, 가장 높은 성과를 올릴 수 있는 방법을 찾아내 그것을 계속 실천하는 것이다. 처음에는 상사가 그 방법에 토를 달지도 모른다. 또 시장 환경이 변하면 통용되지 않을 가능성도 있다. 그런 상황을 극복하는 방법을 적었다.

제6장 타인의 힘을 빌린다.

타인의 힘을 빌리는 방법에 관한 내용이다. 타인의 힘을 빌리면 더 좋은 결과를 낼 수 있다는 사실을 아는 사람은 많지만, 실제로 힘을 빌리는 사람은 그리 많지 않다. 그것은 사람들이 힘을 빌려주지 않을 것이라고 생각하기 때문이 아닐까? 그런 선입견을 지우고 일을 원활히 진행하는 비결을 적었다. 여덟 가지 프로세스와는 직접적인 관계가 없지만 일을 진행할 때 꼭 필요한 내용이다.

최대한 알기 쉽도록, 그리고 읽은 뒤에 확실히 실행할 수 있도록 고심해서 썼다. 이를테면 발생하는 문제를 구체적으로 제시하고, 그 문제에 대해 '이럴 때는 이렇게 행동하면 된다'는 실

고속 PDCA의 8단계

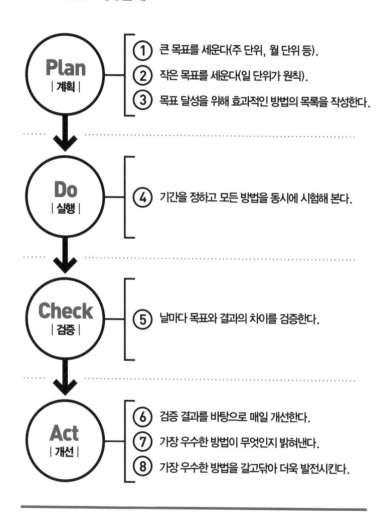

Plan
| 계획 |

① 큰 목표를 세운다(주 단위, 월 단위 등).
② 작은 목표를 세운다(일 단위가 원칙).
③ 목표 달성을 위해 효과적인 방법의 목록을 작성한다.

Do
| 실행 |

④ 기간을 정하고 모든 방법을 동시에 시험해 본다.

Check
| 검증 |

⑤ 날마다 목표와 결과의 차이를 검증한다.

Act
| 개선 |

⑥ 검증 결과를 바탕으로 매일 개선한다.
⑦ 가장 우수한 방법이 무엇인지 밝혀낸다.
⑧ 가장 우수한 방법을 갈고닦아 더욱 발전시킨다.

천적인 해결책을 제안했다. 또한 모두가 지금 당장 따라 할 수
있는 노하우로 구체화하기 위해 애썼다.

미리 단언하건대, 이 책에 적은 방법을 실천한다면 틀림없이
업무 속도와 결과가 달라질 것이다.

P L A N ————————————
D O ————————————
C H E C K ————————
A C T ——————————————

제2장

월간, 주간이 아니라 '매일'의 목표를 설정한다

| 고속 PDCA의 'P' |

이 장에서는 고속 PDCA의 첫 3단계를 원활하게 실행하기 위한 비결을 설명한다.

①큰 목표를 세운다(주 단위, 월 단위 등).
②작은 목표를 세운다(일 단위가 원칙).
③목표 달성을 위해 효과적인 방법의 목록을 작성한다.

다만 본론으로 들어가기에 앞서 손정의 회장이 다른 사람과 결정적으로
다른 이유인 '실행의 속도'에 관해 이야기하려 한다. 이 결단의 속도가
소프트뱅크의 모든 움직임으로 연결되기에 이것을 몰라서는
손정의 회장의 업무 기술을 흉내 낼 수 없다.

소프트뱅크의 '행동'은 왜 빠른가?

소프트뱅크가 급성장할 수 있었던 이유는 무엇일까? 여기에
는 두 가지 이유가 있다.

첫째, 일단 실행하고 본다.
둘째, 목표에 대한 집착이 강하다.

이 두 요소가 있기에 소프트뱅크는 고성장을 계속할 수 있었다.
일반적인 회사에는 이 두 가지 요소가 없다. 대개는 실행에
이르기까지의 장애물이 매우 높고 목표에 대한 집착이 약하다.

그래서 뭔가를 시작할 때 '그것을 실행해야 할 의미가 있는가?', '성공할 가능성은 있는가?'와 같은 문제, 즉 '할 것인가, 하지 않을 것인가?'를 논의한다. 그러면 사람들은 반드시 하지 말아야 할 이유를 찾기 시작하고, '굳이 하지 않아도 되는 거 아니야?'라는 결론에 이르는 경향이 있다.

또한 설령 '실행'하기로 결정되더라도, 이번에는 '목표를 어디에 둘 것인가?'를 놓고 갑론을박을 벌이느라 시간을 보내기 일쑤다. 이래서는 평생이 가도 성과를 내지 못한다.

한편 소프트뱅크에서는 실행이 먼저다. 토론이나 분석에 앞서 먼저 '한다!'라고 결정하는 것이다. 게다가 지향하는 목표가 터무니없이 높다. 소프트뱅크에서는 당연한 일이다.

내가 소프트뱅크에서 일하던 시절에도 손정의 회장이 하자고 말을 꺼낸 일은 하나같이 직원 모두가 '이건 99퍼센트 무리야'라고 생각하는 것이었다. 솔직히 말하면 나도 손정의 회장이 ADSL 사업에 뛰어들기로 결정했을 때 크게 반대했다. 아무리 계산해 봐도 단독 사업으로서 이익이 날 것 같지 않았기 때문이다.

ADSL 사업을 전국에서 대규모로 전개하는 것은 당시의 상식으로는 도저히 생각할 수 없는 일이었다. 그도 그럴 것이, 통신 사업자에게 ADSL은 매우 피곤한 서비스였다. 사용하는 장소나 기상 조건 등의 영향을 크게 받고 통신 속도가 안정적이지 못한 탓에 품질에 대한 사용자들의 클레임이 쏟아질 것이 불을 보듯 뻔했다. 또한 NTT의 회선을 빌려서 서비스를 제공하기 때문에 전국을 망라하는 네트워크를 구축하려면 NTT와의 협상을 포함해 방대한 노력과 설비 투자가 필요했다.

요컨대 'ADSL 사업을 할 것인가, 하지 않을 것인가?'를 논의한다면 '서비스의 품질이 안정적이지 못하다', '쏟아지는 클레임에 제대로 대응하기 어렵다', '비용이 지나치게 많이 들어간다' 등 해서는 안 될 이유를 얼마든지 찾아낼 수 있었다.

그렇다면 무모한 도전이라는 것을 알면서도 ADSL 사업에 뛰어든 결과는 어떠했을까? 서비스 개시를 발표하고 3개월 동안 100만 건이나 되는 예약 신청이 들어왔다. 2005년 말에는 야후BB의 고객이 500만 명을 돌파했다. 이 대성공을 본 다른 회사들도 속속 ADSL 사업에 뛰어들었고, 그 결과 일본은 세계 유수의 브로드밴드 대국으로 성장했다. 불과 수년 만에 ADSL이 통신업계의 주류로 부상한 것이다.

손정의 회장이 상식 밖의 행동을 함으로써 업계의 상식 자체

먼저 '실행'을 결정하기에 속도가 다르다!

 보통 회사는 '실행에 이르기까지 장애물'이 너무 높아서 무엇을 하든 시간이 걸린다.

A안에 관해

○○○ ☆☆☆ □□□ △△△

오늘도 결론이 나가는 그른 것 같네…….

 소프트뱅크는 '실행'부터 결정하므로 재빠르게 행동할 수 있다.

A를 하자고!

네!

상사

부하직원

A안을 실현하기 위해 이런 것을 해보면 어떨까?

부하직원

가 바뀌어 버렸다. 참고로, 우려되었던 통신 속도는 그다지 큰 문제가 되지 않았다. 사용자로서는 이따금 속도가 떨어지더라도 전에 쓰던 ISDN보다는 훨씬 빠르니 불만을 가질 이유가 없었다.

'ADSL은 이런 것'이라는 인식이 확산되면, 그것이 새로운 상식이 된다. 만약 통신업계의 과거 경험칙에 얽매인 채로 '할 것인가, 하지 않을 것인가?'를 논의했다면 이런 미래는 영원히 찾아오지 않았을지도 모른다.

이처럼 소프트뱅크가 ADSL 사업에서 커다란 성과를 올릴 수 있었던 것은 특별히 품질이 높은 서비스를 제공해서가 아니다. 다른 사람이 하고 싶어 하지 않는 일을 누구보다 먼저 했을 뿐이다. 나는 예전에 손정의 회장이 이야기했던 사업 성공의 비결을 지금도 똑똑히 기억하고 있다.

"남들이 하고 싶어 하지 않는 장사일수록 돈이 되는 법이야!"

다른 사람이 '하지 않는다'라는 선택지를 고르는 사업이나 프로젝트일수록 실행하면 큰 성공으로 이어진다. 그래서 '일단 실행하고 보는' 자세가 중요한 것이다.

실행과 동시에 목표를 결정한다

손정의 회장은 실행하기로 결단하는 동시에 어떤 것을 결정한다. 그것은 고속 PDCA의 '큰 목표'에 해당하는 최종 목표다. 소프트뱅크에서는 '골(goal)'이라고 불렀다.

ADSL 사업의 경우는 이랬다.

'ADSL 사업에 뛰어들어서 먼저 1년 안에 고객 100만 명을 확보하겠어!'

이를 위해 먼저 모뎀을 100만 대 발주했다. 이미 발주해 버렸으므로 되돌릴 수 없다. 요컨대, 배수진을 친 셈이다. 이것이 골이다. 소프트뱅크에서는 'Plan(계획)'이 아니라 '목표+실행'에서부터 모든 것이 시작되는 것이다.

이렇게 제일 먼저 골을 설정하고 실행을 결정하면 다음에는 '자금은 어떻게 조달하지?', '사람을 어떻게 모으지?' 등을 궁리해야 한다. 사람은 압박을 받는 상태에서 생각하면 사고가 빨라진다. 즉 지향하는 골이 결정되어 있으면 아무리 불리한 상황이라해도 그 골을 기점으로 역산해 '언제까지 무엇을 해야 할지' 구체적으로 생각하게 된다.

업무 기한이 코앞으로 다가와서 압박감이 최고조에 이르렀을 때, 없는 지혜를 어떻게든 쥐어짜 억지로라도 계획을 진행한다. 누구나 한번은 이런 경험을 해봤으리라 생각한다. 이런 시스템이 있기에 소프트뱅크는 새로운 일에도 적극적으로 도전할 수 있다.

'소프트뱅크는 자금도 인재도 풍부하니까 무모한 도전도 어떻게든 성공시킬 수 있는 거 아니야?'

이렇게 생각하는 사람도 있을지 모르지만, 큰 오해다. 지금이야 굴지의 대기업이지만, 내가 있었던 2001년 당시의 소프트뱅크는 아직 '아는 사람만 아는 IT 벤처기업'이었다. 야후BB 사업을 시작했을 때도 손정의 회장 외에는 나를 포함해 세 명밖에 안 되는 멤버가 주상복합 건물의 작은 방에서 일했다. 서비스 개시를 선언한 뒤에는 당연히 규모가 확대되었는데, 각 그룹사에서 인원을 모집하는 것만으로는 일손이 턱없이 부족해서 고객 대응 창구인 콜센터 같은 경우는 업무 경험이 전혀 없는 프리터(정규직이 아닌 형태로 일하며 생계를 꾸려 나가는 사람—옮긴이)나 학생 아르바이트까지 닥치는 대로 고용했을 정도였다.

만약 처음에 인원 계획을 세웠다면 모두가 '이 정도의 인적 자원으로 사용자 100만 명 규모의 비즈니스를 하기는 불가능하다'고 결론 내렸을 것이다. 그러나 손정의 회장이 상식 밖의 골을 설정하자 직원들의 사고(思考)도 상식의 범주를 벗어났고, 그 결과 기발한 아이디어와 묘책이 탄생했다. 그리고 ADSL 사업에 뛰어든 지 3년 뒤에는 고정전화 사업자인 닛폰텔레콤을, 그로부터 2년 뒤에는 휴대폰 사업자인 보더폰을 인수하여 소프트뱅크는 통신사업 회사로서 급속히 덩치를 키웠다.

명확한 '골'의 설정과 실행의 결단이 상식으로는 생각할 수 없는 결과로 이어진 것이다.

다시 한 번 말하지만, 일단 실행해 보지 않았다면 지금의 소프트뱅크는 없었다. 그리고 이것이 가능한 이유는 '달성할 수 없는 목표는 없음'을 소프트뱅크의 직원 모두가 알았기 때문이다. 그래서 처음부터 '목표+실행'을 결단할 수 있었다.

아무것도 없는 사람일수록 '실행부터 시작하는 것'이 강점이 된다

"저는 사장도 아니고 관리직도 아닙니다. 하물며 손정의 회장 같은 카리스마도 없습니다. 그러니 제게는 불가능한 일입니다."

손정의 회장 이야기를 하면 이렇게 반론하는 사람이 종종 있다. 그러나 현대사회에 처음부터 인력, 자금, 정보가 풍족한 상태에서 시작할 수 있는 일은 거의 없다. 중소기업이나 벤처기업은 물론이고 대기업 안에서 새로운 비즈니스나 사업을 시작한다 해도 사정은 별반 다르지 않다.

그 회사에서 전례가 없었던 일을 하는 것이므로 필요한 경험이나 기술을 가진 사람도 없고 정보도 없다. 자금도 처음부터 충분히 주어지는 경우가 오히려 드물다.

예컨대 많은 기업에서는 사업 전략을 세울 때 'SWOT 분석'이라는 프레임워크를 흔히 사용하는데, 그 결과 알게 되는 것은 대부분의 경우 '우리에게는 강점이나 기회가 하나도 없다'는 사실뿐이다. 사람도, 돈도, 정보도 없는 상태에서 분석한 것이므로 당연하다면 당연한 일이다. 참고로, SWOT 분석은 자사를 둘러싼 환경을 '강점(Strength)'과 '약점(Weakness)', '기회(Opportunity)', '위협(Threat)' 네 가지 요소로 분석하는 기법이다.

강점도, 기회도 없다면 어떤 사업이든 '하지 않는 편이 좋다'는 결론에 이르고 만다. 지금 이 시대에는 그런 분석을 하는 것 자체가 거의 의미 없는 행동이다.

그렇다면 아무것도 없음을 전제로 '어떻게 해야 필요한 것을 조달할 수 있을지'를 고민해야 한다. 소프트뱅크에서는 '세상에 있는 것을 모은다면 우리가 쓸 수 있는 자원은 무한정'이라고 생각한다. 그야말로 발상의 역전이다. '아무것도 없음'을 한탄하지 않고 '아무것도 없음'을 강점으로 삼으려면 어떻게 해야 할지 생각하는 것이다. 그러면 반드시 사업을 성공시키기 위한 실마리가 보이기 마련이다.

'나는 아직 경험이 부족하니까.'

'우리 회사는 경쟁사에 비해 지명도가 떨어지니까.'

이런 변명거리를 찾아내 '그러니 하지 말자'는 결론을 내리는 것은 너무나도 안타까운 일이다. 그래서는 평생 성장의 기회를 잡지 못한다. 먼저 과감하게 높은 골을 설정하고 '하자!'라고 결정한다. 그런 다음 '경험이 적은 내가 좋은 결과를 내려면 어떻게 해야 할까?', '지명도가 낮은 우리 회사가 경쟁사를 이기려면 어떻게 해야 할까?'라는 방향으로 사고가 진행된다. 실행을 전제로 생각하면 자신에게 없는 것을 다른 곳에서 끌어올 아이디어는 얼마든지 솟아난다.

큰 목표는 '넘버원'을 기준으로 결정한다

자, 이제 고속 PDCA를 실행하겠다는 '결단'을 내렸는가? 이 번에는 '큰 목표'를 설정하는 방법을 살펴보자.

목표 설정에 서툰 사람이 많다.

"어느 정도의 수치여야 성공이라고 말할 수 있을까?"

"업계에서 살아남으려면 최소한 어느 정도의 기준을 통과해 야 할까?"

프로젝트에서 이런 논의가 오가는 것이 보통이다. 그러나 사실 이처럼 세부적으로 생각하는 것은 그다지 의미가 없다. 목표를 설정할 때 생각해야 할 것은 단 하나다.

'넘버원이 되기 위해서는 어떻게 해야 하는가?'

오직 이것뿐이다. 참고로, 회사에서 내건 목표가 있다면 먼저 그 목표 달성을 지향하기 바란다.

손정의 회장도 소프트뱅크를 창업한 이래 항상 '넘버원이 되는 것'을 '골'로 설정해 왔다. 넘버원이란, 회사를 예로 들면 그 업계에서 가장 많은 매출을 올리거나 가장 성장이 빠른 등 최고의 실적을 올리는 회사를 뜻한다. 영업사원을 예로 들면 영업부에서 가장 높은 성과를 올리고 있는 사람이 넘버원이다. 넘버원 영업사원이 한 달에 계약을 30건 따낸다면 그보다 많은 50건을 목표로 삼는다. 지금 '50건이라고!?'라며 놀랐을지 모르지만, 압도적인 넘버원을 지향해야만 얻을 수 있는 것이 있다. 100건을 목표로 삼아도 상관은 없지만 목표가 너무 높으면 달성하기가 어려워질 뿐이므로, 조금 높으면서도 지금의 넘버원보다 확실히 높은 수치로 설정하는 것이 가장 좋다.

또한 반드시 숫자로 목표를 설정하기 바란다. 'A씨보다 많은 계약을 따낸다.' 'N사보다 높은 매출을 올린다.' 이런 식으로 목표를 세우면 목표치가 변동되거나 목표 달성에 대한 의식이 약해지기 때문에 좋지 않다.

그리고 '언제까지'라는 기한도 반드시 설정하기 바란다. 모든 방법을 기한 없이 계속 시험해 보려고 하면 체력이 버텨 내지 못한다. 그러니 가지고 있는 자원을 바탕으로 어느 정도의 기간이면 모든 방법을 시험해 볼 수 있을지 계산하기 바란다. 만약 그 기간 안에 '가장 좋은 방법'을 찾아냈다면, 남은 일은 그것을 갈고닦아 발전시키는 것이다. 그 방법에 관해서는 5장에서 이야기한다.

손정의 회장이 넘버원에 집착하는 데는 세 가지 이유가 있다.

첫째, 사람이 모여든다.
둘째, 정보가 모여든다.
셋째, 돈이 모여든다.

예컨대 앞에서도 말했듯이 야후BB 사업을 시작했을 때의 구성원은 손정의 회장과 나를 포함해 고작 넷뿐이었지만, 넘버원을 지향한 덕분에 '사람, 정보, 돈'이 금방 모여들었다. 손정의 회장이 느닷없이 "ADSL 사업에 뛰어들어 고객 100만 명을 확보하겠다"고 선언하자 통신업계에서 경험과 지식을 쌓은 사람들이 속속 모여들었다. 게다가 '기존의 통신업계가 하지 못했던 새로운 일에 도전하고 싶다'는 높은 뜻을 지닌 사람들이 당시 아직 작은 벤처기업이었던 소프트뱅크를 선택했다.

증권거래소인 '나스닥 재팬'을 창설했을 때도 마찬가지였다. 프로젝트가 가동되기 시작했을 때 사내에는 금융이나 증권시장에 해박한 사람이 거의 없었다. 실질적인 책임자였던 나도 문외한이었다. 그럼에도 손정의 회장은 아무런 망설임 없이 "언론 관계자들을 불러 대대적으로 설립 총회를 열자!"라고 말했다.

나는 전국의 벤처기업가 2000명을 모아 오라는 임무를 받고 아무런 연줄도 없는 회사에까지 닥치는 대로 참석 요청서를 팩스로 보낸 끝에 간신히 임무를 완수했다. 덕분에 그 모습은 텔레비전과 잡지를 통해 크게 보도되었고, 증권시장에 해박한 '프로'들이 손정의 회장 밑으로 모여들었다. 그중에는 미국 나스닥에서 일했던 경험이 있는 사람도 있어서 생생한 정보와 노하우로 큰 도움을 주었다. 이렇게 해서 프로젝트는 실현을 향해 급속히 진

넘버원을 기준으로 '큰 목표'를 세운다! ▬▬▬▬▬

넘버원 기준		큰 목표
영업의 넘버원 월 30건의 계약	·····>	월 50건의 계약
업계 넘버원 기업 고객 수 30만 명	·····>	고객 수 100만 명
세계 넘버원 기업 시가총액 69조 엔	·····>	시가총액 100조 엔

행되기 시작했다.

이런 예를 살펴봐도 알 수 있듯이, 넘버원이 되는 것에는 단순히 '1위가 된다'는 성취감 이상의 커다란 가치가 있다. 그래서 손정의 회장은 항상 '넘버원'을 지향하는 것이다.

큰 목표를 설정할 때는 '넘버원이란 무엇인가?'를 생각하는 것부터 시작하라!

'매일 달성할 수 있는 일'을 작은 목표로 정의한다

큰 목표가 정해졌다면 다음에는 작은 목표를 정할 차례다. 작은 목표에는 명확한 규칙이 있다.

첫째, 매일 달성할 수 있을 것.

둘째, 구체적인 행동일 것.

왜 '매일 달성할 수 있을 것'을 규칙으로 삼았을까? 일반적인 회사에서는 개인의 '목표'가 월간이나 주간으로 설정되는 일이 많다. 영업이라면 매달 목표량을 결정하고 월말이 되었을 때 비로소 '이번 달의 목표를 달성했는가, 달성하지 못했는가?'를 본인과 회사가 파악한다. 이런 식으로 일하는 경우가 대부분이다.

그러나 나는 PDCA를 실행하는 사이클이 월간이나 주간이어서는 너무 느리다고 생각한다. 그래서는 주말이나 월말이 되기 전까지 목표 달성의 성패를 알지 못한다. '목표 달성에 실패했다'고 자각하지 못하면 잘못된 점을 개선하기도 어렵다. 설령 월말에 실패를 자각하더라도 지난 1개월을 한꺼번에 되돌아보는 것은 기억도 모호해져 버린 뒤이기 때문에 쉬운 일이 아니다. 작은 일들은 말끔히 잊어버려 중요한 개선점을 놓치게 된다.

자신의 실패를 최대한 빨리 깨달아서 큰 타격이 되기 전에 수시로 개선을 거듭한다. 이것이 고속 PDCA의 중요한 포인트다. 이를 위해서도 날마다 결과를 확인할 필요가 있다.

그렇다면 '매일 달성할 수 있는 일'을 어떻게 찾아낼 수 있을까? 핵심은 '프로세스'별로 나누는 것이다. 마침 좋은 예가 있으므로 그것을 바탕으로 살펴보자.

어느 날, 부동산회사에서 영업을 하는 야마다(가명)가 심각한 표정으로 나를 찾아와 상담을 요청했다. 대학 후배인 그는 지금

맡고 있는 일을 시작한 지 몇 개월밖에 되지 않은 젊은이다.

"법인을 대상으로 하는 임대 사무실 매물을 담당하고 있는데, 좀처럼 계약을 따낼 수가 없네요."

이것이 그의 고민이었다. 이야기를 들어 보니 회사로부터 '매달 계약을 3건 성사시키라'는 목표를 부여받았다고 한다.

나는 먼저 야마다가 계약을 성사시키기까지의 과정을 정리했다.

① 가망 고객 목록의 회사에 전화를 건다.
② 부동산 관리 담당자와 이야기해 약속을 잡는다.
③ 약속을 잡은 회사를 방문한다.
④ 담당자를 매물로 안내해 내부를 보여준다.
⑤ 계약을 맺는다.

이것이 그의 업무 흐름이며, 크게 다섯 단계의 '프로세스'로 나눌 수 있다. 그의 목표는 '매달 계약을 3건 성사시키는 것'이며, 이것은 큰 목표에 해당한다.

그래서 나는 다섯 프로세스 가운데 '② 부동산 관리 담당자와 이야기해 약속을 잡는다'에 주목했다. 이 프로세스에 주목한 이유는 담당자와 약속을 잡지 못하면 계약이라는 큰 목표를 향해 전진할 수 없기 때문이다. 반대로 이 부분의 흐름이 좋아지면 일이 원활하게 진행되는 계기가 된다. 실제로 야마다는 약속을 잡는 데 어려움을 겪고 있는 듯했다.

매일 달성할 수 있는 일이 결정되었으면, 다음에는 그 '품질'을 정의한다. 나는 이렇게 조언했다.

"전화를 걸어서 담당자가 받으면 10분은 이야기를 나누도록 해. 그리고 하루에 세 명과 10분 이상 이야기하는 것을 매일의 목표로 삼는 거야. 아, 하루의 기준은 매일 18시까지야."

요컨대 '하루 세 명, 10분 이상'이 야마다가 지향해야 할 업무의 '품질'이다. 여기에서 핵심은 '누구나 할 수 있으며, 구체적인 기준이 있는 행동'으로 목표를 구체화하는 것이다. 이를테면 '영업 화술을 향상시켜라'와 같은 조언은 구체적인 기준이 없는 까닭에 어느 정도의 수준이 화술이 향상된 것인지 명확하지 않다. 그래서 조언을 받는 상대도 무엇을 어떻게 해야 할지 알지 못한다. 그러나 '하루에 세 명과 10분 이상 대화하게'라는 조언은 아이라도 금방 이해할 수 있다. 또한 이때 '매일 18시까지'인지, '매일 20시까지'인지 마감 시간을 정해 놓는 것이 중요하다. 종료 시각이 불확실하면 비교할 수가 없기 때문이다.

이렇게 해서 목표를 정의하면 매일의 목표치를 더욱 구체적인 행동으로 쉽게 그려 볼 수 있다. 매일의 목표를 정의하는 흐름은 다음과 같다.

① 업무를 프로세스별로 나눈다.
② '큰 목표로 이어지는 매일의 행동'을 찾아낸다.
③ 목표를 달성하는 '구체적인 행동'을 설정한다.

'매일 달성할 수 있는 일'을 작은 목표로 세운다!

	✕ 나쁜 예		◎ 좋은 예
영업	상품을 시험적으로 사용해 보게 한다.	→	전화를 걸어서 하루에 약속을 3건 잡는다.
의류	이벤트로 손님을 모은다.	→	하루에 5명 이상의 손님과 대화한다.
공부	문제집을 한 권 다 푼다.	→	매일 3시간을 공부한다.

최초의 목표는 '임시'여도 된다

그런데 내가 정한 '세 명', '10분'이라는 수치에는 사실 근거가 없다. "아무리 전화를 걸어도 상대가 금방 끊어 버린다면 약속으로 이어지지 않아. 조금이라도 오랫동안 이야기를 나누는 가운데 상대의 니즈를 알아내고 이쪽이 상대에게 유익한 정보를 가지고 있음을 상대에게 알려야 비로소 '한 번 만나 볼까?'라는 생각이 들게 할 수 있겠지." 이런 가설을 바탕으로 일단 설정해 봤을 뿐이다.

그러나 처음에는 그렇게 설정해도 무방하다. 무슨 일이든 해보지 않고서는 알 수 없는 법이므로 어떻게 수치를 설정해야 하는지 분석하는 데 시간을 들이는 것은 무의미하다. 일단 실행해 보고 그 중간 목표로는 '한 달에 계약 3건 성사'라는 최종 목표에 도달하지 못했을 경우 일간 수치 목표를 개선해 나가면 된다.

'10분 동안 이야기할 수 있으면 품질 기준에 합격, 이야기하지 못했다면 불합격!'

이처럼 어떤 업무든 품질을 정의해 좋고 나쁨을 구별할 수 있다. 다만 제품 제조와 크게 다른 점은 그 정의가 옳다는 보장이 없다는 것이다. 자동차라면 연비나 내구성, 안전벨트의 강도나

에어백의 안전성에 이르기까지 품질 기준이 국가 또는 업계마다 상세히 정의되어 있다. 그러나 새로운 가치나 서비스를 만들어 내는 일을 할 경우는 자동차처럼 절대적인 지표가 존재하지 않는다. 실행해 봐야 비로소 알 수 있다.

일단은 가설이어도 상관없으니 품질을 정의하고 실행해 결과를 검증한다. 결과가 좋으면 계속하고, 나쁘면 품질의 정의와 매일의 목표치를 다시 설정한다.

이렇게 해서 남들보다 빨리 많은 실패를 경험함으로써 궤도를 빠르게 수정할 수 있다. 그 결과 누구보다 빠르게 목표에 도달할 수 있는 것이다.

만약 야마다가 10분을 목표로 이야기를 나눴는데도 '한 달에 계약 3건 성사'라는 결과로 이어지지 않았다면 품질의 정의와 매일의 목표를 바꿔야 한다. 예컨대 한 명과 대화하는 시간을 15분으로 늘려 보거나 대화 시간은 10분으로 유지하면서 하루의 목표를 다섯 명으로 늘려 본다. 이와 같이 중간 목표도 날마다 검증과 개선을 반복할 필요가 있다. 어쩌면 검증 결과, 전화를 건다는 프로세스 자체를 재검토할 필요가 있다는 사실을 깨달을지도 모른다.

'부동산 관리 담당자는 다른 업무도 함께 맡고 있는 경우가

많다. 그래서 너무 바쁜 나머지 전화를 받을 시간조차 없다.'

이런 결과가 나왔다면 다음과 같은 개선책이 떠오를 수 있다. '먼저 팩스로 매물 소개 자료를 담당자에게 보낸 다음 전화를 걸어 보는 건 어떨까. 그러면 이쪽 이야기에 흥미를 느껴서 전화를 받을지도 몰라.' 그런 경우에는 '전화를 건다' 전에 '팩스를 보낸다'라는 프로세스가 추가되며, '하루에 팩스를 20건 보낸다' 같은 새로운 목표치를 설정하고 실행해 보면 된다.

프로세스 구분도, 품질 정의도 처음부터 완벽하게 할 필요는 없다. 무엇보다 중요한 것은 '일간 성공·실패 기준'을 결정하는 일이다. 이것을 결정하면 자신이 지금 무엇을 하고 있는지가 보인다.

'성공·실패 기준'이 결정되면
일은 게임이 된다

일간 성공·실패를 알면 '의욕이 상승한다'는 이점도 있다. 예를 들어 '매달 500만 엔'이라는 매출 목표를 받은 영업사원이 있다고 가정하자. 월말이 다가오면 이달의 목표를 달성할 수 있을지 없을지 어렴풋이 보이지만, 중순 정도까지는 암중모색 상태가 계속된다. 아무리 이곳저곳에 전화를 걸어서 약속을 잡고 고객을 찾아다녀도 자신이 이달의 목표 달성에 가까워지고 있는지 알 수가 없다. 자신의 노력이 부족한지 아닌지, 올바른 방향으로 노력하고 있는지 아닌지도 알 수 없다. 요컨대, 성공인지 실패인지 알 수가 없다.

게다가 오늘의 결과가 명확하지 않으면 '오늘은 약속을 잡지 못했지만 내일부터 열심히 하면 돼'라는 식으로 해야 할 일을 뒤로 미루기 쉽다. 그리고 미루기를 거듭하는 사이 월말이 다가와 '큰일 났네. 목표를 달성할 수 있을 것 같지 않아!'라고 깨닫게 되지만 이미 때는 늦어 버린 뒤다. 결국 이달의 목표를 달성하지 못하는 최악의 결과를 맞이한다. 사람은 '월간 목표'만으로는 노력하지 못하는 것이다.

일간 성공·실패를 알면 본인의 의욕도 크게 상승한다. 가장 큰 이점은 일을 '게임화'할 수 있다는 것이다. 오늘의 목표를 달성하면 '잘했어'라고 자신을 칭찬해 줄 수 있다. 설령 목표 달성에 실패했더라도 '그럼 내일은 방법을 바꿔서 도전해 보자'라는 식으로 구체적인 개선책을 강구할 수 있다.

해야 할 일이 명확하면 또 열심히 해보자는 마음이 생기기 마련이다.

가장 좋지 않은 상황은 '정말 이번 달의 목표량을 달성할 수 있을까?' 하는 불안감 속에서 일하는 것이다.

여담이지만, 손정의 회장은 그날의 업무를 마무리할 때 이렇게 선언하는 것이 일과였다.

"오케이, 이제 보이기 시작했어!"

소프트뱅크에서는 이른 아침부터 밤늦게까지 회의가 10건 이상 계속되는 일도 드물지 않았다. 그 회의가 전부 끝나고 하루가 마무리될 때 항상 외치는 이 한마디는 해결책이 보이기 시작했다는 의미로 생각되는데, 이것 역시 '오늘 나는 목표 달성에 성공했어!'라는 손정의 회장 나름의 선언이었을 것이다. '나는 오늘 해야 할 일을 전부 했다.' 이것을 말로 표현함으로써 하루를 마무리하고 내일도 또다시 열심히 일하기 위한 일종의 의식이었으리라 생각한다. 그 증거로, 매일 밤늦게까지 회의가 계속되는데도 손정의 회장은 다음 날이 되면 개운한 표정으로 출근해 이른 아침부터 활기차게 일을 시작했다.

매일의 성공·실패를 안다.

이것이 가져다주는 변화는 여러분이 상상하는 것 이상이다.
일주일에 한 번, 한 달에 한 번만 자신의 성공·실패를 의식하는
사람들과는 확연한 차이를 만들어 낼 것이다.

P L A N ————————————

D O ————————————

C H E C K ————————————

A C T ————————————

제3장

동시에
모든 수단을
시험해 본다

| 고속 PDCA의 'D' |

앞 장에서는 작은 목표를 결정하는 방법에 관해 이야기했다.
이 장에서는 그것을 어떻게 실행해 나갈지, 즉 다음의 세 가지에 관해 이야기한다.

④ 기간을 정하고 모든 방법을 동시에 시험해 본다.
⑤ 날마다 목표와 결과의 차이를 검증한다.
⑥ 검증 결과를 바탕으로 매일 개선한다.

최적의 답을 손에 넣는 가장 확실한 방법

'모든 것을 시도해 보는' 손정의 회장의 자세는 철저하기 그지없다. 일반적으로는 성공할 가능성이 있어 보이는 것, 업계의 상식으로 판단했을 때 승산이 있다고 판단되는 것을 시험해 보고 도저히 성공 가능성이 없어 보이는 것, 업계의 상식으로 판단했을 때 해도 의미가 없어 보이는 것은 시험해 보지 않을 것이다. 그런데 손정의 회장은 업계의 상식에서 벗어나고, 도저히 가능성이 없어 보인다 해도 상관하지 않고 눈앞의 모든 방법을 반드시 시험해 본다.

소프트뱅크가 '야후BB' 서비스를 시작했을 때 있었던 일이다. 손정의 회장은 대리점의 판매원들을 모아 놓고 이렇게 말했다.

"눈이 마주치면 줘버려!"

그 자리에 있었던 판매원들은 처음에 무슨 말인지 이해하지 못하고 손정의 회장을 멀뚱멀뚱 바라보기만 했다. 그러나 손정의 회장은 진지하기 이를 데 없었다. 빨간 종이가방을 한 손에 들고 손짓 발짓을 섞어 가며 "이렇게 주란 말이야"라고 열심히 설명을 계속했다.

거리에서 모뎀을 나눠 주는 방법을 사내에서는 '파라솔'이라고 불렀다. 상점가나 쇼핑몰, 역사 앞 등의 한 구역에 10제곱미터 정도의 빈 공간을 빌려서 파라솔을 세워 간이 판매소를 만들고 그 주변에서 닥치는 대로 모뎀을 나눠 주었기 때문이다. 지금이야 다른 통신사업 회사도 똑같은 판촉 활동을 펼치고 있지만, 당시로서는 완전히 '비상식적'이라고밖에 할 말이 없는 방법이었다.

2장에서도 이야기했듯이, 통신업계는 '통화 품질이 안정되지 않은 서비스는 제공할 수 없다'는 것을 상식으로 여기는 이른바 '예의 바른' 세계다. 판매 창구를 개설할 때는 도코모숍처럼 자사의 점포를 마련하는 것이 상식이었다. 그것이 통신사업자로서 고객의 신뢰에 부응하는 방식이라고 여겼으며, 여기에서 벗어나는 판촉이나 판매 기법은 생각해 본 적도 없었을 것이다. 아니, 애초에 NTT 그룹의 시장 과점 상태가 오랫동안 계속되어 왔으므로 통신사업자 쪽에서 적극적으로 영업을 한다는 개념 자제가 없었는지도 모른다.

그런데 소프트뱅크는 꼬치를 파는 포장마차나 채소를 파는 노점밖에 열지 못할 정도로 작은 공간을 빌려서 자사의 서비스를 판매했다. 게다가 젊은 여성들을 많이 고용해 사람들의 눈길을 끄는 방법으로 판촉 활동을 했다. 요컨대, 업계의 상식으로는 상상도 할 수 없는 일이었다.

손정의 회장이 '파라솔'이라는 방법을 생각해 낸 것은 이미 다른 업계에서 성과가 입증되었기 때문이다. 사실은 위성방송인 '스카이 퍼펙트 TV!'가 서비스를 시작할 때 소프트뱅크가 위성 디지털 튜너 판매를 위탁받았는데, 그때 '파라솔'이 성공을 거뒀던 것이다. 다만 이때는 나고야 지구에서만 실시했고 취급하는 상품도 달랐기 때문에 다른 경영자라면 이것을 모뎀 판매에도 그대로 적용해 전국적으로 확대할 생각은 하지 않았을 것이다. 그러나 손정의 회장은 이 작은 성공을 간과하지 않고 '전국에서도 시도해 보자'고 생각했다.

'성공할 확률이 얼마나 될지 알 수 없는데 모든 방법을 시험해 보는 건 바보 같은 짓이야'라고 생각할지도 모르겠다. 그러나 손정의 회장은 이것이야말로 앞이 보이지 않는 불안정한 시대에 성공하는 유일한 길임을 알고 있었다.

짧은 시간에 성공 확률을 키워라

'한 번에 모든 방법을 실행한다.' 이 철칙이 바로 소프트뱅크가 다른 회사와 크게 다른 점이다. 이 원칙을 중시하는 데는 세 가지 이유가 있다.

첫째, 속도에서 라이벌을 이길 수 있다.
둘째, 최선의 방법을 찾아낼 수 있다.
셋째, 각 방법을 정확히 비교할 수 있다.

보통은 먼저 한 가지 방법을 시험해 보고 결과를 검증한 다음 '생각만큼 효과가 없으니 다른 방법도 시험해 볼까?'라며 다른 방법을 시험해 본다. 그리고 '첫 방법보다는 효과가 있지만 더 좋은 방법이 있을지도 몰라'라며 또 다른 방법을 시험해 본다. 이런 식으로 검증을 진행해 모든 결과가 갖춰지면, 어떤 방법이 가장 효과적인지를 판단해 비로소 본격적인 실행으로 이행한다.

그러나 이래서는 시간이 너무 오래 걸린다. 파라솔 영업을 1개월 동안 해본 뒤 결과를 검증하고, 전화 영업을 1개월 동안 해본 뒤 결과를 검증하고……. 이런 식이면 여섯 가지 방법을 시험하는 데 반년이 걸려 버린다. 지금은 내일 무슨 일이 일어날지도 알 수 없는 변화가 극심한 시대다. 이런 식으로 해서는 틀림없이 성공의 기회를 놓쳐 버리고 만다. 경쟁이 없는 시장이라고 생각했는데 갓 창업한 벤처기업이 같은 서비스를 시작할 수도 있고, 외자계 기업이 시장에 뛰어들지도 모른다. 갑자기 나타난 경쟁자가 압도적으로 유리한 서비스를 내놓는다면, 그 시점에 넘버원의 자리를 빼앗기고 만다. 황급히 후발 주자로 뛰어들어도 2등 이하의 포지션으로 끝날 뿐이다.

이처럼 안타까운 결과로 끝나지 않게 하기 위해서라도 머릿속에 떠오른 방법을 모두 동시에 진행하고 결과를 검증할 필요가 있다. 이렇게 하면 똑같이 여섯 가지 방법을 시험해 보더라도 1개월 뒤에는 대략적인 결과가 모인다. 여섯 가지 방법 중에서

한 번에 모든 방법을 시험해 보는 것이 가장 좋다!

✕ 하나하나 시험해 봐서는 너무 오랜 시간이 걸린다.

◎ 한 번에 모든 방법을 시험해 보는 편이 짧은 시간에 성공할 확률이 높다.

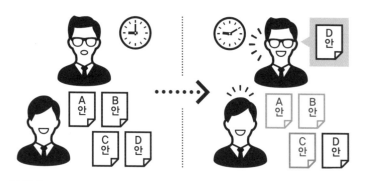

성공과 실패가 확연히 드러나므로 즉시 가장 효과적인 방법을 찾아낼 수 있다. 그런 다음 가장 효과가 큰 방법만을 실행하면 가장 빠른 속도로 목표에 도달할 수 있다.

결과를 올바르게 검증하기 위해서도 같은 시기에 모든 방법을 일제히 시험해 보는 것이 중요하다. 뭔가를 비교할 때는 같은 조건에서 실행하는 것이 철칙이기 때문이다. 만약 봄에 파라솔 영업을 시험하고, 여름에 방문 판매를 시험하고, 가을에 전화 영업을 시험한다면 어떻게 될까?

'파라솔 영업이 순조롭기는 했지만 날씨가 좋은 봄이라서 외출을 나온 사람이 많았기 때문일지도 몰라.'

'방문 판매의 성과가 저조했던 건 더워서 판매원의 효율과 의욕이 떨어졌기 때문이 아닐까?'

이처럼 기후라는 변동 요인이 추가됨으로써 객관적인 검증이 불가능해진다. 그 밖에도 시기가 다르면 경기나 주가, 정치 동향 등의 외적 환경도 변화한다. 결과를 검증하려면 같은 시기에 실시해야 의미가 있는 것이다.

컴퓨터도 실행 전까지는 '최적의 답'을 알지 못한다

혹시 '순회 영업 문제'를 아는가?

'어떤 도시를 출발한 영업사원이 복수의 도시를 한 번씩만 방문하고 출발 지점으로 돌아오려 할 때 이동 거리가 가장 짧은 경로를 구하시오.'

이 문제는 수학적으로 보면 가정할 수 있는 경로가 너무 많아서 컴퓨터로도 완벽한 최적의 답을 구하기가 어렵다고 한다.

그런데 사실은 간단히 정답에 가까워지는 방법이 있다. 먼저 대충이어도 좋으니 모든 도시를 도는 경로를 하나 결정한다. 그런 다음 '이것보다 이동 거리가 짧은 경로를 찾도록' 프로그래밍해서 컴퓨터에 몇 번 계산을 시키면 정답에 꽤 가까운 경로를 순식간에 찾아낼 수 있다.

이 사례를 통해 말할 수 있는 것은 두 가지다. 첫째, 온갖 가능성 속에서 가장 좋은 답을 찾아내는 것은 컴퓨터를 사용한다 해도 쉬운 일이 아니다. 둘째, 제로에서 정답을 찾아내기는 힘들어도 일단 가설을 세운 다음 '더 나은 것이 무엇인지' 찾아 나가면 결국 최단거리로 정답에 이를 수 있다.

비즈니스 세계에서 일어나는 일은 '순회 영업 문제'보다 훨씬 복잡하다. 시장 환경과 고객 니즈, 경쟁자의 동향 등 다양한 요소가 얽혀들며, 각 요소가 끊임없이 변화한다. 그런 가운데 무엇이 정말 올바른 답인지를 처음부터 간파해 낼 수 있는 사람은 아무도 없다. 천재적인 경영자로 불리는 손정의 회장조차 미래를 들여다보지는 못한다. 그러므로 머릿속에 떠오른 방법을 전부 시험해 보고 조금씩 더 나은 방향으로 개선하면서 정답에 가까워지는 수밖에 없다. 언뜻 멀리 돌아가는 것 같지만, 이것이 목표에 이르는 가장 빠른 지름길이다.

롤모델에 빙의해서 자신을 넘어서라

지금까지 한 발 한 발 신중하게 나아가는 방식으로 일해 온 사람들은 모든 수단을 한 번에 시험해 보는 것이 성공의 지름길이라는 것을 이해하면서도 좀처럼 기존 상식을 버리지 못할지도 모른다.

'그런다고 뭐가 나아지겠어?'

이처럼 부정적인 생각이 들어서 업무 진행 방식을 백팔십도 바꿀 용기가 나지 않는 사람도 있을 것이다.

그런 심리적 장벽을 무너뜨리기 위해 추천하는 방법이 있다. 바로 롤모델에 빙의하는 것이다. 여러분도 동경하는 사람이나 존경하는 사람, 자기도 모르게 대단하다고 감탄하는 사람이 있을 것이다. 그런 롤모델에 빙의해 마치 자신이 그 사람인 것처럼 행동하거나 '그 사람이라면 어떻게 생각할까?' 하고 상상해보라.

나의 롤모델은 물론 손정의 회장이다. 그래서 '이런 걸 한다고 무슨 의미가 있겠어?'라는 부정적인 생각이 머릿속을 스쳐갈 때마다 이렇게 발상을 전환한다.

'손정의 회장이라면 어떻게 생각할까?'

그러면 즉시 효과가 나타난다. 지금은 나도 손정의 회장처럼 기업 경영자가 되었지만, 미키 다케노부로서 생각하면 '이렇게 큰 자금을 조달하기는 무리일 거야'라든가 '우리 회사는 아직 지명도가 낮아서······'와 같은 변명을 하고 싶어질 때가 있다. 그러나 '손정의 회장이라면 어떻게 할까?'를 생각하는 순간 사고가 백팔십도 달라진다.

'손정의 회장이라면 금융기관과 이렇게 협상하겠지.'

'손정의 회장이라면 회사의 규모가 작다는 점을 역이용해서

과감한 전략을 실행하지 않을까?'

이런 아이디어가 잇달아 떠오른다. 롤모델에 빙의해 생각하면 자신의 사고를 옭아매던 상식의 족쇄가 풀리는 느낌이라고나 할까.

내 경우는 운 좋게도 바로 곁에 희대의 카리스마 경영자가 있었지만, 누구를 롤모델로 삼든 상관없다. 감명받은 책을 쓴 경영자여도 좋고, 역사상의 인물이어도 상관없다. 중요한 것은 '누구를 롤모델로 삼는가?'가 아니라 '자신 이외의 인물에 빙의할 수 있는가?'이다.

이네스 리그론(Inès Ligron)이라는 여성을 아는가? 원래는 프랑스의 실업가인데, '미스 유니버스' 세계 대회에서 일본인을 잇달아 입상시키면서 일본에서 일약 유명해졌다. 리그론의 지도를 받은 지바나 구라라가 2위, 모리 리요가 1위에 오르자 그의 육성법이 주목받게 되었다.

리그론은 그때까지 일본인이 세계 대회에서 입상하지 못한 원인이 부끄럼을 잘 타는 기질에 있다고 말했다. 자신을 어필하기를 부끄럽게 여기고 무대에서도 당당하게 포즈를 취하지 못한다는 점이 일본인의 약점이라는 것이었다. 이 약점을 고치기 위해 리그론은 어떤 조언을 했을까?

'동경의 대상에 빙의하시오.'

예컨대 슈퍼모델에 빙의한다면 그 사람처럼 자신만만한 포즈를 취할 수 있다. 누군가를 연기함으로써 자신의 틀을 뛰어넘을 수 있는 것이다.

지금까지의 상식, 지금의 자신을 버리고 싶다면 롤모델에 빙의하자. 이것은 누구나 할 수 있고, 금방 효과가 나는 '상식을 돌파하는 방법'이다.

동시에 모든 방법을 시험해 보기 위한 3가지 요령

개인이 '동시에 모든 방법을 시험해 본다'는 규칙을 업무에 활용하기 위해서는 몇 가지 요령이 필요하다. 일반적인 조직에서 특이한 것을 시도하려 하면 제동이 걸리기 때문이다. 그러나 손정의 회장 같은 경영자든 조직의 구성원이든 해야 할 일은 기본적으로 같다.

① 기한을 정하고 가능성이 있는 모든 방법을 일제히 시험해 본다.

② 가장 효과가 좋은 방법을 파악했으면 그것만을 실행한다.

③ 시작하고 일정 기간은 성과가 나지 않거나 마이너스가 될 것을 예상 범위에 포함한다.

이 세 가지를 의식하면 어떤 위치에 있는 사람이라도 가능성이 있는 모든 방법을 일제히 시험해 큰 성과를 낼 수 있다. 특히 '③ 시작하고 일정 기간은 성과가 나지 않거나 마이너스가 될 것을 예상 범위에 포함한다'는 회사에서 일하는 사람에게 매우 중요한 지점이다. 이것을 상사나 주위 동료들에게 미리 알려 놓지 않으면 '실패'로 간주되어 도중에 제동이 걸릴 수 있기 때문이다. 손정의 회장은 경영자이므로 자신의 판단으로 적자를 감수할 수 있지만 조직에 속한 회사원은 무슨 일이든 상사의 승인을 받아야 하므로 이 점을 특히 주의해야 한다.

예컨대, 여러분이 신상품 홍보 활동을 맡았다고 가정해 보자. 회사에서 주어진 예산에는 한계가 있지만, 그 예산으로 최대한 많은 홍보 방법을 시도해 보려 한다. 그럴 때 상사에게 이렇게 제안해 보면 어떨까?

"신상품의 홍보 방법으로 A안과 B안, C안 세 가지를 시험해 보고 반년 이내에 가장 효과가 좋은 한 가지 안으로 압축하려 합니다. 그래서 처음 반년 동안 예산의 70퍼센트를 사용하게 되겠지만, 그 후에는 비용을 낮출 수 있으므로 전체적으로는 예산 범위 안에서 진행할 수 있습니다."

이렇게 '전반기에는 비용이 극단적으로 많이 들어가지만 후반기에는 이만큼 비용을 억제할 수 있습니다'라고 미리 설명해 놓는다.

이것은 말하자면 처음부터 실패를 계획에 포함한 제안이다. 제안할 때 전반기의 비용 증가를 미리 말해 놓지 않는다면 1개월 뒤에는 '아니 벌써부터 예산을 이렇게 많이 쓰면 어쩌자는 건가? 이래서 어디 끝까지 홍보 활동을 진행할 수 있겠나?'라는 상사의 질책이 날아들 것이다. 그러나 '처음 반년 동안 예산의 70퍼센트를 사용할 것'이라고 미리 확실히 말해 놓으면 실패로 인식되지 않는다. 요컨대, '상사에게 실패를 실패로 인식시키지 않는 것'이 가능해진다는 말이다. 상사도 '이것이 실패가 아님'을 알면 안심할 수 있다. 상사가 리스크에 민감할수록 그것을 최소화해 줄 필요가 있다.

이 세 가지 요령을 철저히 지킨다면 직함이 없는 젊은 직원이 라도 '가능성이 있는 모든 방법을 일제히 시험해 보는' 큰 시도를 할 수 있다.

아이디어는 실행하면서 만들어 낸다

'가능성이 있는 모든 방법을 일제히 시험해 본다'의 바탕이 되는 아이디어는 어떻게 만들어 내야 할까? 2장에서 등장한 야마 다의 패턴을 예로 들어 생각해 보자.

전화를 걸 때 이런 대화 패턴을 궁리했다.
'사무실 이전 예정이 있는지 단도직입으로 물어본다.'
'사무실에 대한 불만부터 들어 본다.'
'지금의 사무실로 이전한 시기나 직원 수의 변동 등을 확인하는 것부터 시작한다.'
'상대가 하는 일에 관해 물어본다.'
이것은 전부 즉흥적인 발상이지만, 그래도 무방하다. 그다음에는 고속 PDCA를 실행하는 가운데 떠오른 아이디어를 추가해 나가면 된다.

전화 통화가 힘든 담당자에게는 팩스로 매물 정보를 보내거나 우편으로 자사의 안내 책자를 보내 본다. 그리고 일정 기간 뜸을 들인 뒤에 전화를 걸어 본다. 반대로 상대가 먼저 전화하기를 기다려 보자는 아이디어도 떠오를 것이다.

회사의 규모나 담당자의 연령대에 따라 접근 방법을 바꿔 보는 것도 중요하다. 목표 설정에 관해 설명할 때 말했지만, 처음에는 머릿속에 떠오른 아이디어를 임시 방법으로 삼으면 된다. 실행하다 보면 반드시 새로운 아이디어가 떠오를 것이다. 이 방법 저 방법을 시험해 보면 무엇이 실패이고 무엇이 성공인지도 알게 되며, 그런 가운데 '다음에는 이렇게 하는 편이 좋지 않을까?'라고 생각하는 계기가 생기기도 한다.

다만 한 가지 주의할 점이 있다. 아이디어가 많이 떠올라서 다양한 방법을 실행할 수 있게 되는 것은 분명 즐거운 일이지만, 그만큼 들여야 하는 노력도 커진다. 개인뿐만 아니라 팀의 경우에도 투입할 수 있는 자원에는 한계가 있기 마련이므로 분석 결과 '이건 아니야'라는 결론이 나온 방법은 서둘러 포기해야 한다.

왜 소프트뱅크는 아이디어가 풍부할까?

한 번에 모든 방법을 시험해 보기 위한 기본 전제는 최대한 많은 방법을 생각해 내는 것이다. 온갖 방법을 시험해 보고 싶어도 당장 한두 가지 아이디어밖에 없다면 하나하나 시험해 볼 때와 별로 다를 것이 없어진다.

아이디어를 내는 효과적인 방법은 '혼자서 아이디어를 궁리하는' 것이 아니라 '누군가와 함께 아이디어를 궁리하는' 것이다. 자세한 내용은 6장에서 다루겠지만, 손정의 회장도 무슨 일이 있을 때면 다른 사람들에게서 아이디어를 이끌어 내는 것을 중요하게 생각했다.

그런데 자신의 아이디어를 입 밖에 내기를 꺼리는 사람이 적지 않다. 여러분도 회의나 미팅에서 좀처럼 의견이 나오지 않아 논의가 진행되지 않았던 경험을 해본 적이 있을 것이다. 그것은 참가자들이 섣불리 의견을 냈다가 리스크를 짊어지게 되지 않을까 우려하기 때문이다. 예컨대 판촉 이벤트에 관해 의견을 내라고 하는데, 아이디어를 제안했다가 그 아이디어가 실패로 끝나면 책임을 추궁당할까 두려워 입을 열지 않게 되는 것이다. 그럴 때 다른 사람들이 쉽게 발언할 수 있는 분위기를 만드는 방법이 있다.

'뭐라도 좋으니 허술해서 반박당할 거리가 많은 아이디어를 내는 것'이다.

손정의 회장은 새로운 사업을 시작할 때 항상 이 방법으로 아이디어를 모은다. 소프트뱅크에서 가장 허술하고 황당한 아이디어를 꺼내는 사람은 언제나 조직의 총수인 손정의 회장이다. 보통은 '이걸 했다가는 클레임이 쏟아지겠지', '법류적 규제를 통과하지 못할 것 같아……'라는 생각이 들어서 입 밖에 꺼내지 않을 아이디어라도 상관하지 않는다. 치밀하게 다듬은 깔끔한 비즈니스 플랜이 아니라 울퉁불퉁한 돌 같은 아이디어를 느닷없이 꺼낸다. 일례로 '눈이 마주치면 준다'와 같은 아이디어는 그야말로 황당하다고밖에 할 말이 없는 발상이다.

이쯤 됐으면 이미 눈치 챘으리라 생각하지만, 조직의 총수나 리더가 솔선해서 결점이 있는 발언을 하면 좋은 결과가 나타난다. 주위 사람들이 리스크를 짊어지지 않아도 된다고 생각할 수 있기 때문이다. '아이디어는 있지만 성공 확률이 낮을 것 같아서……'라고 생각해 발언을 삼가고 있는데, 리더가 먼저 '모뎀을 공짜로 나눠 주면 어떨까? 거리에서 눈이 마주친 사람에게 그냥 쥐버리는 거야!'라고 말을 꺼내면 어떻게 될까? 다른 사람들은

'아니, 눈이 마주치면 줘버리는 것보다 더 좋은 방법이 있을 것 같은데……'라고 생각한다. 그리고 '그렇다면 전문 업자에게 위탁해서 전화 영업을 해보죠', '가전 유통사와 손을 잡고 채널을 확대하면 좋지 않을까요?' 같은 의견을 말하기가 수월해진다. 리더가 일부러 결점이 있는 아이디어를 내놓음으로써 주위 사람들이 짊어져야 할 리스크를 실질적으로 없애 버리는 것이다.

내가 사외이사를 맡고 있는 벤처기업의 사장도 회의장에서는 굳이 반박당할 거리가 있는 의견을 내놓으려고 애쓴다. 그는 이것을 '맥도날드한다'라고 표현했다. 그의 주위에 있는 사람들은 '오늘 점심은 어디에서 먹을까?'라는 질문에도 좀처럼 자신의 의견을 말하지 못한다고 한다. 그래서 사장이 일부러 '그럼 맥도날드로 갈까?'라고 말하면 동요하기 시작한다. 그리고 '어제 간 이탈리아 요리점이 맛있더군요'와 같은 의견이 나온다. 사장이 '맥도날드로 갈까?'라고 말함으로써 다른 사람들이 '아니, 아무리 그래도 맥도날드보다는 이 음식점이 낫지'라는 생각에 자신 있게 발언할 수 있는 분위기가 만들어지는 것이다.

이처럼 팀 단위로 일할 때 팀원들이 리스크를 두려워해 좀처럼 움직이지 않는다면 일부러 '맥도날드하는' 방법이 효과적이다. 설령 여러분이 리더나 책임자가 아니더라도 누군가가 의견을 내면 일종의 기준이 만들어진다. 그리고 다른 사람도 '이 의견보다는 낫다고 생각하는 것'을 말하기가 쉬워진다. 그렇게 되면 더 많은 아이디어를 시험해 볼 수 있으며, 성공도 실패도 많이 경험하게 된다.

아마도 손정의 회장은 자신이 경영자가 아닌 일개 직원이었다 해도 그런 것은 신경 쓰지 않고 좋은 아이디어가 나오도록 '형편없는 아이디어'를 내놓았을 것이다.

'오늘 목표 달성에 성공할 방법'만을 생각하며 실행한다

실행을 위한 방법이 갖춰졌으면 그다음에는 그것을 실행하는 단계로 넘어간다. 2장에서 등장한 야마다가 어떻게 일을 진행했는지 살펴보면서 실행 방법을 설명한다.

'하루에 세 명과 10분 이상 대화한다'는 목표를 정한 야마다에게 나는 매일의 기록을 표로 작성하라고 말했다. 그리고 표에 다음의 세 항목을 설정하게 했다.

① 매일의 목표

② 매일의 결과

③ 성공·실패

최상단에는 목표인 '세 명'을 기입한다. 그 밑에는 매일의 결과를 '한 명', '두 명'과 같이 적는다. 그리고 최하단에는 목표 달성에 성공했는지 실패했는지를 나타내는 'O×' 칸을 마련한다.

또한 나는 야마다에게 날마다 오늘 목표 달성에 성공한 이유와 실패한 이유를 반드시 분석하라고 말했다. 그리고 이를 위한 방법으로 자신이 전화한 모든 사람의 통화 시간과 상대의 속성, 통화에 성공한 시간대 등을 자세히 기록하고 날마다 자신의 행동을 되돌아볼 것을 권했다.

야마다에게 이렇게 조언한 데는 명확한 이유가 있다. 그는 어떻게 하면 좋겠느냐며 내게 조언을 구하러 왔지만, 나는 24시간 내내 그의 곁에서 조언을 해줄 수가 없다. 그래서 '혼자서도 싸울 수 있는 무기'를 건넨 것이다.

매일의 기록을 상세히 적게 한 것은 목표를 달성하기 위한 전략을 생각하기 위해서다. 그때까지 야마다는 기록을 하지 않고 감각만으로 약속을 잡으려고 했다. 그러나 그런 식으로는 어쩌다 우연히 약속을 잡을 수는 있어도 지속적으로 확실히 약속을 잡을 수는 없다. 물론 큰 목표도 달성할 수 없다.

야마다는 내게 목표를 달성하는 확실한 방법을 가르쳐 달라고 했는데, 그러기 위해 중요한 포인트가 매일의 기록을 상세히 적는 습관이었던 것이다.

내게 배운 것을 실천한 결과, 야마다는 '상대가 운 좋게 대화에 응해 주면 좋고 아니면 말고' 식의 임기응변적인 화법에서 벗어나 '10분 동안 대화를 나누려면 어떻게 해야 할지'를 고민하며 지혜를 짜내게 되었다. 그리고 자신이 말한 내용과 통화 시간을 기록하면서 다음과 같은 경향을 깨달았다.

'다짜고짜 매물을 소개하려 하면 상대는 금방 끊어 버린다.'

'현재의 사무실에 대해 불만스러운 점을 물어보면 오래 대화할 수 있다.'

'오전보다는 오후, 그것도 16시 전후가 가장 통화 성공률이 높다.'

또한 전화를 거는 가망 고객의 목록을 분석한 결과 다음과 같은 경향도 깨달았다.

'IT 벤처기업은 10분 이상 대화하는 데 성공할 확률이 높다.'

'종업원 1000명 규모의 회사가 5000명 규모의 회사보다 10분

매일의 결과를 기록하는 방법

일간 성공·실패표

요일	월	화	수	목	금
매일의 목표	3	3	3	3	3
매일의 결과	0	0	1	0	3
성공·실패	×	×	×	×	○

○ 아니면 ×만 적는다.

전화 기록

일시	5/13 14:00	5/13 14:30	5/13 16:00
회사명	A건설	B상사	C네트워크
이름	다나카	가토	사토
직함	총무부장	영업부장	영업부원
성별	남성	남성	여성
통화 시간	5분	1분	1분 20초
비고	도쿄 도내와 교통 편이 조금 더 나은 곳을 찾고 있다.	사무실이 너무 넓어서 조금 좁은 곳을 찾고 있다.	얼마 전에 이사. 매출이 증가하고 있어서 1~2년 뒤 다시 이사할지도.

이상 대화하는 데 성공할 확률이 높다.'

따라서 10분 이상 대화할 가능성이 높은 가망 고객부터 우선적으로 전화를 걸어서 이야기가 길어질 가능성이 높은 대화를 하면 된다. 이처럼 자기 나름대로 가설을 세운 야마다는 날마다 시행착오를 거듭하면서 성공률을 점점 높여 나갔다.

매일의 성공·실패 기준이 명확해짐으로써 '내가 하고 있는 행동이 올바른가, 잘못되었는가?'에 대해 피드백을 얻을 수 있게 되었고, '목표 달성에 성공하기 위해서는 무엇을 해야 하는지'도 점점 명확해진 것이다.

그저 날마다 기록을 했을 뿐인데 지금 자신이 무엇을 하고 있는지, 10분 이상 대화할 확률을 높이려면 어떻게 해야 하는지 등 '자신이 서 있는 위치'와 '업무의 진행 방법'을 알게 된다. 이것이 기록의 힘이다.

결과의 기록이 목표치를 최적화한다

'10분 이상 대화하는 데 성공하는' 사례가 늘어나면 약속을 잡는 건수도 자연스럽게 증가한다. 그러면 기록도 점차 증가한다. '실제로 만나는 데 성공한 고객은 몇 명인가?', '그중에서 소개한 매물의 내부를 둘러본 고객은 몇 명인가?', '그 후 계약에 성공한 고객은 몇 명인가?' 이런 것들을 기록하면 프로세스의 연관성이 보이기 시작한다.

하루에 세 명과 10분 이상 대화를 한다고 가정하고 한 달에 22일을 일한다고 보았을 때 매달 66명이 된다. 그중에서 실제로 만나 준 고객은 약 40퍼센트인 25명이며, 소개한 매물의 내부를 둘러본 고객은 10퍼센트인 여섯 명, 계약에 성공한 고객은 5퍼센트인 세 명이다. 3개월 정도 기록하는 동안 이 비율은 거의 변동이 없었다.

이렇게 해서 '하루에 세 명과 10분 이상 대화한다'는 일간 목표치가 '한 달에 계약을 3건 성사시킨다'는 최종 목표를 달성하기 위한 올바른 목표 설정이었음이 증명되었다.

그리고 동시에 프로세스별 기한도 보이게 된다. 소개한 매물의 내부를 둘러보고 계약하기까지 평균 10일이 걸렸다면 매달 20일까지는 고객 여섯 명이 소개한 매물의 내부를 둘러봐야 월 말까지 계약을 3건 성사시킬 수 있을 것이다. 처음에 담당자를 만나 소개한 매물의 내부를 둘러보기까지 평균 일주일이 걸렸다면 매달 13일까지는 담당자 10명을 실제로 만나야 월말까지 계약을 3건 성사시킬 수 있다는 의미가 된다. 달리 말하면, 이것이 곧 프로세스별 목표치다.

'하루에 세 명과 10분 이상 대화한다'는 한 가지 중간 목표로 시작해 '매달 13일까지 10명 이상을 만난다', '매달 20일까지 여섯 명 이상을 안내해 매물의 내부를 보여준다'와 같은 지표가 추가되면서 최종 목표에 도달하기 위한 과정이 더욱 명확해졌다. 그리고 이에 따라 아직 계약을 성사시키지 못한 초·중순에도 '이번 달에는 이미 10명 이상을 만났으니 목표량인 3건을 달성할 수 있겠어'라고 예측할 수 있게 된다. 월말이 코앞으로 다가왔는데도 이번 달의 목표를 달성할 수 있을지 없을지 알지 못해 전전긍긍하면서 스트레스가 가득한 하루하루를 보내는 일도 더는 없을 것이다. 이를 증명이라도 하듯이, 반년 후에 다시 나를 찾아온 야마다의 표정은 더할 나위 없이 밝았다.

"매달 목표를 달성할 수 있게 되니까 일도 즐거워졌습니다!"

이렇게 말하는 야마다는 그전과는 완전히 다른 사람이 된 것처럼 활기차고 자신감이 넘쳐 보였다.

자신의 업무가 보이지 않는 사람은
결과를 내지 못한다

'저번 달에는 실적이 영 안 좋았는데, 어째서인지 이번 달에는 실적이 꽤 좋네.'

'오늘 미팅은 웬일로 꽤 성공적이었어.'

자신의 업무가 보이지 않는 사람은 이런 식으로밖에 생각하지 못한다. 한편 자신의 업무가 보이는 사람은 자신이 한 행동의 결과를 정확히 설명할 수 있다. 자신의 업무를 가시화하면서 일하기 때문이다.

지금까지 일본 기업은 대부분 PDCA로 업무를 가시화해 왔다. 이른바 PDCA는 본래 제조회사의 생산 현장에서 품질 관리를 원활히 진행하기 위한 기법이다. 제조회사가 만드는 것은 '물건'이므로 업무 프로세스도, 품질 정의도 명확했다. 자동차라면 강판의 프레스로 시작해 용접, 도장, 성형, 조립, 품질 검사와 같이 공정(프로세스)이 명확히 나뉘어 있다. 또한 '프레스', '용접'이라는 하나의 공정 속에서도 부품이나 소재별로 담당이 세밀하게 나뉜다. 요컨대 '이 공장에서는 한 달에 자동차 1만 대를 생산한다'는 큰 목표를 정했다면 공정의 수나 가동일 등을 기준으로 역산해서 '프레스는 하루에 1000장', '성형은 하루에 400대'와 같이 프로세스별 작은 목표도 쉽게 산출할 수 있다.

게다가 각 공정에서의 품질도 상세히 정의되어 있다. '30분 동안 섭씨 180도로 가열해도 변질되지 않으면 양품, 변질되면 불량품'과 같이 선이 명확히 그어져 있고, '하루의 생산품 가운데 불량품은 3퍼센트 이하일 것' 등의 목표치도 정해져 있다.

이처럼 공장에서 일하는 모든 사람이 날마다 자신이 달성해야 할 생산량과 품질의 목표를 수치로 파악하고 있다는 점이 제조 현장의 특징이다. 모두가 그날 목표 달성에 성공했는지 실패했는지를 알 수 있는 것이다. 그러므로 날마다 열심히 일할 수 있고, 확실히 성과를 낼 수 있다.

그런데 서비스처럼 형태가 없는 상품을 다룬다면 어떨까? 또는 새로운 비즈니스나 업무 시스템을 만들어 내는 일을 하는 사람은? 현재는 비즈니스의 서비스화가 진행되어 제조업처럼 형태가 있는 것을 다루는 경우가 점점 더 줄어드는 추세에 있다.

이 경우 어디까지 노력하면 될까? 어떤 방향으로 노력하면 될까?

제조업처럼 프로세스나 품질에 관한 명확한 정의가 없는 까닭에 'PDCA'를 적용하고 싶어도 하지 못하고 그저 무작정 노력하는 비생산적인 방식으로 일하는 사람이 많은 듯하다. 이런 상태에서 벗어나려면 서비스 제공이나 신규 사업 창출처럼 형태가 없는 것을 다루는 일에 대해서도 스스로 프로세스를 나누고 품질을 정의하는 수밖에 없다.

P L A N ————————————
D O ————————————
C H E C K ————————————
A C T ————————————————

제4장

결과를 '숫자'로 엄밀히 검증한다

| 고속 PDCA의 'C' |

지금까지 실제 업무에서 고속 PDCA를 적용하는 방법에 관해 이야기했다.
이 장에서는 고속 PDCA를 개선해 나가는 가운데 어떻게 숫자로 검증하는지에
관해 이야기하려 한다. 숫자로 검증할 수 있게 되면 고속 PDCA를
더욱 정확하게 실행할 수 있게 된다. 먼저 손정의 회장의 사고방식을 통해 숫자로
검증한다는 것이 무엇인지 살펴보도록 하자.

숫자를 모르는 사람은 어떻게 해야 할까?

'숫자로 이야기하지 못하는 사람은 회사를 떠나라!' 손정의 회장이 직원들에게 요구하는 바를 한마디로 표현한 것이다.

보고든 상담이든 숫자에 입각해 이야기하지 못하는 사람은 높은 평가를 받지 못한다. 오늘의 매출액이나 이익이 왜 이 숫자이며, 그 숫자가 나온 이유나 원인은 무엇인지, 다음에는 무엇을 실행하여 몇 퍼센트의 수치 개선을 기대할 수 있는지 등 이 모든 것을 숫자로 이야기하지 못하면 '자네는 이제 올 필요가 없네!' 라는 말과 함께 즉시 퇴장당하고 만다.

물론 경영자라면 누구나 숫자에 신경 쓰기 마련이다. 그러나 숫자에 대한 손정의 회장의 집착은 특히 유별났으며, 애초에 본인이 누구보다 숫자에 강했다. 직원이 며칠씩 걸려 작성한 복잡한 자료를 한 번 쓱 훑어보고는 날카롭게 오류를 찾아내 '여기이 숫자는 조금 이상한데?'라고 지적할 정도였기 때문에, 직원들은 긴장을 풀 수가 없었다.

소프트뱅크에서는 모든 숫자를 전 직원이 공유한다. 보통 회사에서는 이사회에서 경영진이 보는 자료와 미팅에서 평사원이보는 자료가 전혀 다른 경우가 많다. 이사회에서는 경영 전체에관한 숫자를 제시하고, 평사원에게는 각자가 담당하는 업무 내용에 관한 숫자만을 발췌해서 전한다.

반면 소프트뱅크에서는 기본적으로 손정의 회장이 보는 숫자를 현장의 직원들도 그대로 공유한다. 그 대신 전 직원이 그숫자를 이해하고 자신의 업무를 개선하기 위해 활용해야 한다.소프트뱅크에서는 '저는 숫자(계산)에 약해서……' 같은 변명을할 시간에 숫자에 대한 감각을 갈고닦아 한시라도 빨리 업무에서 성과를 내기 위해 훈련을 거듭해야 한다.

"포스를 사용해서 숫자를 이해하게."

손정의 회장은 종종 이런 말을 했다. '포스'는 영화 〈스타워즈〉

에서 제다이가 사용하는 특수한 능력으로, 물론 어디까지나 농담조로 하는 말이다. 당연한 말이지만, 손정의 회장이 숫자에 강한 것은 그처럼 특수한 능력을 지녀서가 아니다.

항상 숫자를 의식하고 그 뒤에 숨어 있는 의미나 배경을 분석해 다음 숫자를 예상한다. 날마다 이러한 단련을 거듭했기에 숫자를 이해하는 감각이 몸에 밴 것이다.

초밥 장인이 만든 초밥은 밥의 양이 항상 같으며, 차이가 나더라도 한두 톨에 불과하다고 한다. 이렇듯 인간이 뭔가 한 가지를 계속 단련하면 그만큼 정확한 감각이 몸에 배는데, 손정의 회장은 그것을 매우 높은 수준으로 실천한다. 그 결과 몸에 밴 숫자 감각을 포스라고 표현하는 것이다.

고객 만족도를 비약적으로 높인 숫자 테크닉

0장에서 나는 이렇게 말했다. "똑같은 일을 하더라도 사람에 따라 3배의 차이가 생긴다." 이렇게 단언할 수 있는 것은 내가 소프트뱅크 시절부터 부하직원이나 프로젝트 멤버들의 업무 성과를 숫자로 상세히 지켜보았기 때문이다.

야후BB 콜센터의 책임자로 임명되었을 때도 나는 오퍼레이터들의 업무 성과를 검토하고, 고객 만족도를 높이기 위해 숫자를 사용했다.

처음에 나는 오퍼레이터들을 지도하는 데 어려움을 겪었다. 고객들에게 '오퍼레이터의 대응이 불쾌하다'는 클레임이 들어와서 사정을 확인하러 가면 이런 해명이 돌아왔다. "고객이 조금 이상한 사람이었어요." "제가 말을 꺼내기 전부터 이미 화를 내시더라고요." 자신이 잘못한 게 아니라 운 나쁘게 그런 고객을 만났을 뿐이라는 말을 하고 싶었던 것이리라. 그런 사람에게 대응 방식을 개선해 달라고 한들 수긍하지 못한다. 개별적인 사례를 제시하며 개선을 촉구해도 '그건 예외적인 상황이었어요'라며 무시한다.

애초에 고객에 따라 오퍼레이터에게 원하는 바가 다른 까닭에 대응을 잘했는지 못했는지 평가하기가 쉽지 않다는 문제도 있다. 기본적인 대응이나 대화법은 매뉴얼로 만들어 일정한 품질을 유지할 수 있도록 했지만, 오퍼레이터가 그 매뉴얼대로 대응한다고 해서 모든 사람이 만족하는 것은 아니다.

예컨대, 모뎀이 고장 났으니 교환해 달라는 고객에게 '일단 전원 어댑터를 뺐다가 다시 꽂아서 전원 램프에 불이 들어오는지 확인해 주시겠습니까?'라고 매뉴얼대로 대응했을 때 상대가 화를 내는 사례가 적지 않았다. 그런 고객은 대개 이미 어댑터를 뺐다가 다시 꽂아 보는 등 인터넷이나 책에 나와 있는 온갖 방법을 시도해 본 뒤에 전화를 걸었기 때문이다. 그런데 이미 시도했던 것을 해보라고 하니 화를 내는 것도 무리는 아니다.

한편, 매뉴얼대로 대응하면 만족하는 고객도 있다. 따라서 일률적인 평가 기준을 만들기가 어려운 것이다. 그렇다고 해서 아무런 조치도 취하지 않는다면 평생이 가도 콜센터의 고객 만족도를 높일 수 없다.

그래서 이런 아이디어를 떠올렸다. '그렇다면 고객 한 사람 한 사람에게 오퍼레이터의 업무 품질이 좋았는지 나빴는지 물어보자.' 그리고 콜센터에 연락한 모든 고객에게 이메일로 설문조사를 하는 시스템을 만들었다.

"문의 감사드립니다. 오퍼레이터의 대응은 어떠했습니까? 만족도를 별 5개로 평가해 주십시오."

이런 이메일을 보내 오퍼레이터의 접객 품질을 별 1개부터 5개까지의 수치로 측정한 것이다. 그리고 오퍼레이터별 평균 점수를 하루 단위로 산출해, 이를테면 '당신의 오늘 평가는 3.8점이었습니다'라고 날마다 화면에 표시했다. 이렇게 객관적인 수치가 표시되자 오퍼레이터들은 자신의 점수를 높이려면 어떻게 해야 할지 각자 궁리하기 시작했다. 앞에서도 말했듯이, 고객에 따라 바라는 바가 다르므로 실제로 대응하는 오퍼레이터 본인이 고민하는 수밖에 없다.

그 결과 콜센터 전체의 고객 만족도가 높아졌다. 고객이 보내는 설문조사 결과는 매달 수백 건에 달했다. 이 정도의 모수(母數)를 근거로 한 수치를 제시하면 '어쩌다 이상한 고객이 걸려서 클레임이 들어온 것'이라는 변명은 더 이상 할 수 없게 된다.

사람은 '지금의 상태에서 무엇이 어떻게 잘못되었는지'를 수긍할 때 비로소 자신의 행동을 개선할 생각을 한다. 그리고 자신을 객관적으로 평가하는 데 숫자보다 적합한 것은 없다. 현재의 상태를 숫자로 파악하고 목표치와 차이를 인식할 때 비로소 개선을 향해 움직이는 것이다.

원인과 결과를 분석하는 '다변량 분석'

그렇다면 고속 PDCA를 실행하면서 구체적으로 어떻게 숫자를 다뤄야 할까? 숫자를 사용하는 상황은 세 가지다. 첫째는 목표 설정, 둘째는 검증, 셋째는 프로세스의 가시화다. 이 세 가지를 전부 숫자로 관리하면 고속 PDCA를 놀라운 속도로 실행해 확실한 결과를 손에 넣을 수 있다.

첫 번째인 '목표 설정'에 관해서는 이미 이야기한 바와 같다. 두 번째인 '검증'과 세 번째인 '프로세스의 가시화'에는 다음의 두 가지 기술이 효과적이다.

① 다변량 분석
② T-계정

둘 다 귀에 익지 않은 용어일지 모르지만, 엑셀이나 종이 한 장만 있어도 간단히 활용할 수 있다. 먼저 '다변량 분석'부터 살펴보자. 다변량 분석은 '복수의 변수에서 연관성을 찾아내기 위한 통계 기법'으로, 아이스크림 판매를 분석한 사례가 유명하다. 아이스크림의 판매량은 상품의 가격이나 종류, 제품 하나의 양, 당일의 기온이나 습도, 달과 요일, 그 지역의 통행량 등 온갖 변수에 따라 달라진다. 예컨대, 어떤 편의점에서는 기온의 변화가 아이스크림의 매출에 다음과 같은 영향을 끼쳤다.

'섭씨 22도가 넘어가면 1도 상승할 때마다 아이스크림의 매출이 2배가 된다. 그러나 섭씨 30도가 넘어가면 아이스크림의 매출은 절반으로 떨어지고 빙수 매출이 30퍼센트 증가한다.'

이와 같이 각각의 요인이 어떻게 연관되어 있는지를 찾아내는 방법이 다변량 분석이다.

'야후BB'의 신규 고객을 유치하기 위해 힘을 쏟던 시절, 손정의 회장은 다변량 분석을 사용해 숫자를 철저히 분석하라고 지시했다.

'장소에 따른 매출의 차이는 어느 정도인가?'

'맑은 날, 흐린 날, 비가 오는 날 매출이 얼마나 달라지는가?'

'신입 아르바이트와 경험이 많은 직원의 매출은 얼마나 차이가 나는가?'

'평일과 휴일에는 매출이 얼마나 달라지는가?'

이와 같이 온갖 변수에 따라 결과를 분석한 것이다.

구체적인 분석에는 엑셀을 사용한다. 여기에서는 간단히 설명하기 위해 단회귀 분석으로 설명한다. 어떤 휴대폰 판매점의 하루 통행 고객 수와 계약 건수의 관계를 살펴보자.

먼저 엑셀로 그래프를 작성한다. 159쪽의 도표와 같이 그래프에 숫자를 넣고 그래프 속에서 산포도의 옵션을 선택한다.

이어서 차트 도구의 '레이아웃' → '추세선' → '선형 추세선'의

엑셀로 다변량 분석을 한다!

① 바탕이 되는 데이터를 준비한다.

지점	하루 통행 고객 수	계약 건수
A	1300	630
B	1100	580
C	500	300
D	400	280
E	350	200
F	320	380
G	280	140
H	210	100
I	200	120
J	180	95

② '삽입'→'차트'→'분산형'으로 산포도를 작성한다.

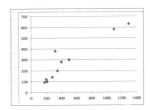

③ '차트 도구'→'레이아웃'→'추세선'→'선형 추세선'을 클릭한다.

④ '선형 추세선'이 그려진다.

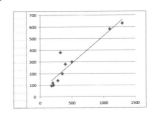

⑤ '선형 추세선'을 더블클릭해 '추세선 옵션'을 열고 아래와 같이 체크한다.

⑥ '결정계수'의 값을 확인한다.

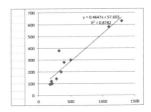

순서로 클릭한다. 이 작업으로 그려진 선이 하루의 통행 고객 수와 계약 건수의 관계를 나타내는 단회귀 분석 직선이다.

다음에는 이 직선이 정말 올바른 숫자를 나타냈는지 확인한다. 먼저 지금 그린 추세선을 더블클릭한다. 그러면 추세선의 서식 설정 화면이 뜨는데, '추세선 옵션'에서 '수식을 차트에 표시'와 'R-제곱값을 차트에 표시'를 체크한다. R-제곱값은 일차함수 직선인 'y=0.4647x+57.603'이 얼마나 들어맞는지 나타내는 수치다. 이것을 '결정계수'라고 부른다. 이 결정계수가 1에 가까울수록 실제 분포에 들어맞는다고 생각할 수 있으며, 0.5 이상이라면 정확도가 높다고 볼 수 있다. 이번 경우는 0.87이었으므로 상당히 확실한 회귀 분포였다고 말할 수 있다.

이것으로 회귀 분석은 끝났다. 아주 간단하지 않은가? 엑셀 덕분에 번거로운 작업을 건너뛸 수 있었기 때문이다. 참고로 만약 결정계수가 0.5 이하라면 자신이 생각하지 못했던 다른 요소가 관련되어 있는지도 모른다. 그런 경우에는 다른 요소를 의심해 보고, 다른 수치로 다시 계산해야 한다.

이 다변량 분석을 사용하면 무엇이 달라질까? 누구나 더 좋은 방향으로 개선할 해결책을 이끌어 낼 수 있게 된다. 예컨대 어떤 판매점의 매출이 평소보다 나빴다고 가정하자.

'오늘은 매출이 신통치 않았는데, 날씨가 나빠서 그런 걸까? 아니야, 오늘 아르바이트 직원이 한 명 쉬어서일지도 몰라. 아니면 옆 마을에서 행사가 열려 그쪽으로 사람들이 몰린 탓인지도……'

점장은 이런저런 생각을 해보지만 명확한 이유는 알지 못한다. 숫자의 뒷받침이 없으니 당연한 일이다. 그러나 무엇인가 개선을 해야 한다는 사실은 알고 있으므로 '최근에 아르바이트 직원이 자주 쉬었으니 신입 아르바이트 직원을 좀 더 채용해 보자'고 생각하고 개선책을 실행해 보았다. 그러나 매출은 더 떨어졌다.

그렇다면 같은 사례를 다변량 분석으로 분석해 보자.

'신입 아르바이트 직원과 경험이 있는 직원은 매출에 얼마나 영향을 끼치는가?'

이것을 측정한 결과 다음과 같은 사실을 알 수 있었다.

'채용한 지 1개월 이내인 신입 아르바이트 직원이 30퍼센트 증가하면 하루의 매출이 20퍼센트 감소한다.'

'판매원의 경험'이라는 변수와 하루 매출의 연관성이 명확해진 것이다. 이것을 알면 무엇을 해야 할지 보이기 시작한다. 그렇다. 신입 아르바이트 직원의 비율을 줄이면 된다. 이것을 보면 '아르바이트 직원을 좀 더 채용해 보자'는 점장의 생각이 얼마나 상황을 잘못 파악한 개선책이었는지 알 수 있다.

'신입 아르바이트 직원의 비율을 줄이려면 장기간 일하게 해야 한다. 이직률을 낮추려면 어떻게 해야 할까?'

여기까지 왔으면, 그것을 어떻게 개선할 것인지가 남은 과제다. 신입 아르바이트 직원의 연수를 좀 더 충실히 할까? 신입 아르바이트 직원을 지원하는 담당자를 둘까? 신입 아르바이트 직원이 곤란한 상황에 처했을 때 상담할 수 있는 전화 창구를 만들자고 회사에 제안할까? 이런 개선책이 속속 떠오를 것이다.

언뜻 보면 논리를 바탕으로 이러한 개선책을 찾아내는 것이 어렵게 느껴질지도 모른다. 그러나 그것은 숫자로 관리되고 있지 않기 때문이다. 숫자로 확실히 관리한다면 누구나 올바른 개선책에 이를 수 있다.

소프트뱅크의 임원들은 손정의 회장에게 다변량 분석을 익히라는 지시를 받았다. 이를 위한 연수도 준비되어 있어서 나 또한 전문가의 강의를 들은 적이 있다. 현재는 일반 직원을 위한 연수도 개최하는 등 모든 직원에게 다변량 분석을 공부하라고 권하고 있다.

프로세스를 가시화하는 'T-계정'

이번에는 'T-계정'에 관해 살펴보자. 고속 PDCA에서는 큰 목표를 달성하기 위한 작은 목표를 세우고 그것을 개선해 나감으로써 큰 목표를 달성하는데, 때때로 작은 목표는 큰 목표를 달성하기 위한 과정에 불과할 때가 있다. 예컨대 야마다의 경우 '하루에 세 명과 10분 이상 대화한다'는 작은 목표를 달성했더라도 계약 3건 성사라는 큰 목표를 달성하지 못할 수 있다. 실패 원인은 대화에 성공한 사람의 수가 적어서일 수도 있고, 또 다른 어떤 문제일 수도 있다. 예를 들어, 매물의 내부를 둘러보게 하는 데는 성공했지만 계약으로 연결되지 않았을 수도 있다.

일이 원활히 진행되지 않을 때는 반드시 어딘가에 업무 흐름을 방해하는 저해 요인, 즉 병목이 있기 마련이다. 그러나 대부분은 그 병목이 무엇인지 알지 못한다.

소프트뱅크에서는 병목도 숫자를 사용해 가시화한다. 이를 위해 사용하는 방법이 T-계정이다. 이것은 원래 부기에서 사용되는 기법으로, '대변'과 '차변'을 알기 쉽게 나타낸 표를 의미한다. 이렇게 말하면 어렵게 들릴지도 모르겠지만, 간단히 말해 T 자로 선을 그리고 '들어온 수'를 왼쪽에, '나간 수'를 오른쪽에 적어서 현재 수중에 있는 돈이나 자산의 증감을 관리하는 방법이다. 이 '돈'이나 '자산'을 '부품'이나 '상품'으로 치환하면 T-계정을 재고 관리에 응용할 수 있다.

독립한 뒤 나는 소프트뱅크에서 여러 프로젝트를 관리했던 경험을 인정받아 정부 기관으로부터 고문이 되어 달라는 의뢰를 종종 받는다. 그중 하나가 2008년부터 참가한 후생노동성의

T-계정으로
프로세스를 가시화한다!

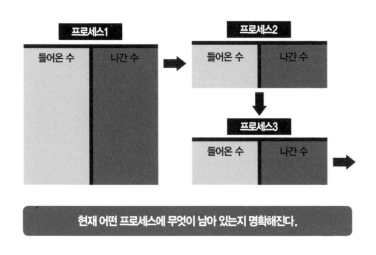

프로세스1	
들어온 수	나간 수

프로세스2	
들어온 수	나간 수

프로세스3	
들어온 수	나간 수

현재 어떤 프로세스에 무엇이 남아 있는지 명확해진다.

연금기록문제작업위원회다. 당시 연금 번호 기록이 누락된 탓에 국민연금을 제대로 받지 못하고 있는 사례가 드러나 큰 이슈가 되었다. 그래서 모든 연금 가입자와 수급자에게 '연금 특별 우편'을 발송해 자신의 기록을 확인하고 반송해 달라고 요청했는데, 그 많은 서류를 현장에서 감당하지 못해 확인 작업이 크게 늦어지고 있었다.

요청을 받자마자 나는 서류를 발송하고 재고를 관리하고 있는 현장을 찾았다. 넓은 창고에 전국에서 반송된 서류가 산더미처럼 쌓여 있는 모습을 보고 할 말을 잃었다. 그 모든 서류를 컴퓨터에 입력해야 한다니, 생각만 해도 정신이 아득해졌다. 그러나 그 작업을 신속하게 진행할 수 있게 하는 것이 내 역할이었다. 이렇게 많은 서류가 쌓여 있다는 것은 업무 흐름의 어딘가에 작업이 정체된 지점이 있다는 것을 의미했다.

나는 병목을 명확히 하기 위해 T-계정을 사용했다. 부기의 '돈 또는 자산'을 '서류'로 치환해 '재고, 즉 처리가 정체되어 창고에 쌓인 수'를 관리한 것이다.

방법은 간단하다. 먼저 A4 용지를 준비하고 여기에 크게 T자를 그린다. 그리고 T자 왼쪽에 '업무를 시작할 때의 서류 재고 수'를 기입한다. 새로 서류가 도착하면 그것도 '오늘 도착한 서류 수'로서 왼쪽에 적어 넣는다. 아침의 재고가 300건, 오늘 도착한 서류가 500건이라면 그날의 '들어온 수'는 도합 800건이다. 그리고 하루가 끝날 때 '오늘 처리한 서류 수'를 오른쪽에 적는다. 만약 그 숫자가 600건이라면 200건이 남는다. 이것을 '업무 종료 시의 서류 재고 수'로서 기입한다. 이때 T-계정에서는 왼쪽의 합계와 오른쪽의 합계가 항상 같아진다.

나는 각각의 업무 프로세스마다 T-계정으로 서류의 재고 수를 매일 기록하고 숫자의 변동을 확인했다. 프로세스는 다음의 네 가지였다.

① 봉투를 열어 필요한 정보가 전부 기입되어 있는 서류와 그렇지 않은 서류로 나눈다.
② 전부 기입되어 있는 서류의 정보를 컴퓨터에 입력한다.
③ 그렇지 않은 서류에 대해서는 재확인용 서류를 발송한다.
④ 돌아온 재확인용 서류의 정보를 컴퓨터에 입력한다.

이렇게 하면 어떤 프로세스에서 재고가 증가하고 있는지 알 수 있다. 그 프로세스가 업무 흐름 속에서 작업이 정체되고 있는 지점, 즉 병목인 것이다.

T-계정으로
병목을 가시화한다!

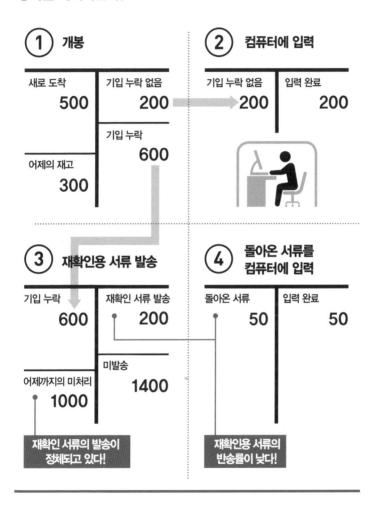

① 개봉

새로 도착	기입 누락 없음
500	**200**
	기입 누락
	600
어제의 재고	
300	

② 컴퓨터에 입력

기입 누락 없음	입력 완료
200	**200**

③ 재확인용 서류 발송

기입 누락	재확인 서류 발송
600	**200**
어제까지의 미처리	미발송
1000	**1400**

> **재확인 서류의 발송이 정체되고 있다!**

④ 돌아온 서류를 컴퓨터에 입력

돌아온 서류	입력 완료
50	**50**

> **재확인용 서류의 반송률이 낮다!**

T-계정을 이용해 업무 프로세스별로 날마다 숫자를 파악하고, 예컨대 '재확인용 서류 발송'이라는 프로세스에서 재고가 증가했다면 담당 직원을 확충하거나 일처리 속도가 빠른 직원을 보내는 등 문제를 개선한다. 만약 그 개선책을 통해 일간 재고가 감소했다면 그 대처법이 옳았다는 뜻이다. 결과적으로 병목이 해소되어 전체의 흐름이 원활해진다.

자세한 내용은 말할 수 없지만, 나는 이 방법으로 병목을 해소함으로써 전체 재고를 점점 줄여 나간 끝에 약 1년 뒤 업무 효율을 4배로 끌어올리는 데 성공했다.

전체를 멍하니 바라보기만 해서는 무엇이 핵심인지 알기 어렵다. 그러나 각각의 흐름을 나눠서 숫자로 관리하면 해결의 실마리가 자연스럽게 보이기 시작한다.

개인의 업무도 'T-계정'으로 관리한다

개인의 업무 프로세스를 관리할 때도 T-계정을 응용할 수 있다. 2장에서 이야기 나눴던 부동산 영업사원 야마다를 다시 한번 예로 들어 살펴보자. 야마다의 업무 프로세스는 다음의 다섯 단계였다.

① 가망 고객 목록의 회사에 전화를 건다.
② 부동산 관리 담당자와 대화해 약속을 잡는다.
③ 약속을 잡은 회사를 방문한다.
④ 담당자를 매물로 안내해 내부를 보여준다.
⑤ 계약을 맺는다.

T-계정의 왼쪽에 '현재 약속을 잡은 건수'를 적는다. 새로 약속을 잡았으면 이것도 '오늘 잡은 약속 수'로서 왼쪽에 적는다. 그리고 하루 업무가 끝나면 '매물로 안내한 건수', '거절당한 건수', '보류 건수(연락이 되지 않았거나 상대가 계약 여부를 검토 중인 것)'를 오른쪽에 적어 넣는다. 이 가운데 야마다의 사례에서 '재고'에 해당되는 것은 '보류 건수'다. 이것은 업무 흐름에서 병목이 되기 쉬운 지점이기도 하다. 약속을 잡는 데 성공했더라도 실제로 만나 보지 않고서는 매물의 내부를 보여주는 프로세스로 연결할 수 있을지 거절당할지 알 수 없다. 이런 식으로 '성공인지 실패인지 알 수 없는 모호한 상태'가 쌓이는 것은 위험한 일이다. '보류'인 동안에는 아직 실패로 확정된 것이 아니다. 그래서 본

인은 일이 순조롭게 진행되고 있는 듯한 착각에 빠지다. 그러나 막상 뚜껑을 열어 보면 보류 중인 상대 전원이 계약을 거절할 가능성도 있다.

성공인지 실패인지 결과를 바로 알 수 있으면 설령 거절을 당했더라도 재빨리 다음 수를 강구할 수 있다. '오늘은 거절당한 건수가 많았으니 내일은 더 많은 곳에 전화를 걸어서 더 많은 약

개인의 업무도 T-계정으로 가시화한다!

약속	25명	매물로 안내	3명
		거절	17명
신규 약속	5명	보류	10명

이것이 쌓이면 병목이 될 수도!

속을 잡자.' 이러한 개선책을 마련해 속도를 떨어뜨리지 않고 고속 PDCA를 실행할 수 있다. 그러나 '검토한다고 했으니 조금 더 기다려 보자'라는 식으로 핑계를 대는 동안에는 다음 행동으로 넘어갈 수 없다. 계약으로 프로세스를 진행해 결과를 낼 수도 없고, 개선도 불가능한 교착 상태가 계속될 뿐이다. 이것이 바로 병목이다.

이처럼 T-계정을 이용해 매일의 숫자를 기록하고 보류 건수가 늘어나지 않도록 관리하는 것이 중요하다. '보류'가 증가하는 데는 '전화 한 통을 더 걸기가 귀찮아서', '결과를 알기가 두려워서' 같은 단순한 이유도 많다. 본인이 의식하기만 한다면 사실 보류를 줄이기는 어렵지 않다. 요컨대 T-계정으로 업무의 '재고'를 확인하는 것은 자신에게 행동을 개선하라고 촉구하는 효과적인 수단이기도 하다.

P **L** **A** **N** ————————————

D **O** ————————————————

C **H** **E** **C** **K** ————————————

A **C** **T** ———————————————————

제5장

가장 좋은 방법만을 발전시킨다

| 고속 PDCA의 'A' |

큰 목표와 작은 목표를 세웠다. 좋은 아이디어를 내고 그 모든 아이디어를
실행할 방법도 손에 넣었다. 그것을 정확히 검증할 수단도 있다.
이 세 가지 프로세스를 손에 넣었다면 남은 일은 가장 좋은 방법을 찾아내
발전시키는 것이다. 그러면 처음에 기대했던 것 이상의 성과를 손에 넣을 수 있다.

⑦ 가장 우수한 방법이 무엇인지 밝혀낸다.
⑧ 가장 우수한 방법을 갈고닦아 더욱 발전시킨다.

이 장에서는 이 두 가지에 관해 이야기한다.

소프트뱅크가 4년 연속 적자였던 이유

소프트뱅크는 줄곧 급성장을 거듭해 왔다고 생각하는 사람이 있을지도 모른다. 그러나 사실은 그렇지 않다. 소프트뱅크는 2001년부터 2004년까지 4년 연속 적자를 기록했다. 게다가 그룹 전체의 순이익은 매년 1000억 엔 규모의 손실을 내고 있었다. 매출액도 1998년을 기점으로 감소세로 돌아선 상태였다.

그때까지 소프트뱅크는 주로 컴퓨터 소프트웨어 유통업으로 성장해 왔다. 그런데 판매를 위탁했던 외자계 기업이 자사의 판매 체제를 강화하기 시작함에 따라 비즈니스 모델이 한계에 부딪혔고, 엎친 데 덮친 격으로 2000년에 IT 버블이 붕괴했다. 한

때 일본의 시가총액 순위에서 NTT 도코모에 이어 2위였던 주가도 순식간에 곤두박질쳤다. 이 무렵 소프트뱅크는 창업 이래 최대 위기에 직면했던 것이다.

이 상황을 타개하기 위해 손정의 회장이 기사회생의 한 수로 선택한 것이 ADSL 사업과 야후BB 프로젝트였다. 손정의 회장으로서도 일생일대의 승부수였을 것이다. 다만 승부를 건 이상 반드시 승리하는 회사가 소프트뱅크다. 그렇다면 이 일생일대의 승부에서 승리하기 위해 손정의 회장은 어떤 전략을 사용했을까? 바로 '가장 좋은 방법'만을 실행하는 것이다.

미리 기간을 정해 놓고 처음에는 적자에 빠져도 좋으니 온갖 판매 기법과 채널을 시험해 본다. 그리고 모든 기법을 시험하면서 결과를 검증한 뒤 최종적으로 가장 효과적인 방법을 골라 그것만을 실행한다. 이것이 전부다.

이렇게 해서 어떤 시점에 방향 전환을 하면 처음에 봤던 적자를 보전하고도 남을 정도의 큰 이익을 낼 수 있으리라고 예상한 것이다. 그 예상은 적중했다. 4년 연속 적자였던 소프트뱅크의 실적은 2005년부터 흑자로 돌아섰다. 요컨대, 2001년부터 2004년까지 적자가 계속되었던 것은 손정의 회장의 전략이었으며, 처음부터 예상했던 일이었다는 말이다.

주식을 공개한 기업이 5년 연속으로 적자를 내면 상장이 폐지된다. 그러므로 5년째에는 반드시 흑자를 낸다. 다만 4년 동안은 적자를 전제로 모든 방법을 시험해 보고, 2005년 결산에 늦지 않게 확실히 이익을 낼 수 있는 '가장 좋은 방법'만으로 전환한다.

여기까지 계산하고 벼랑 끝 승부를 걸었던 것이다. 외부에서

소프트뱅크 급성장의 비밀은 4년 동안의 적자

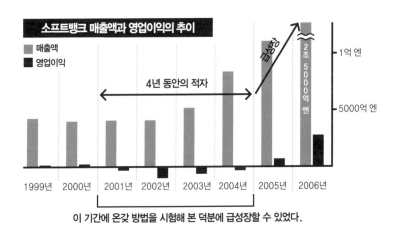

이 기간에 온갖 방법을 시험해 본 덕분에 급성장할 수 있었다.

는 단순히 실적 부진에 빠신 것으로 보였을지 모르지만, 그동안 소프트뱅크는 내부에서 여러 방법을 철저히 검증하고 있었다.

큰 도전이 큰 성과를 가져온다

'가장 좋은 방법'을 찾아내려면 표본 수가 많을수록 좋다. 그래서 고속 PDCA에서는 최대한 많은 것을 시험해 본다. 당연한 말이지만, 10개 중에서 '가장 좋은 것'보다는 100개 중에서 '가장 좋은 것'이 더 수준이 높을 것이기 때문이다. 그것이 1000개, 1만 개로 늘어날수록 그중에서 '가장 효과가 좋다'고 판단된 것은 '성공할 수 있는 방법'일 확률이 높아진다. 용기를 내어 시험 규모를 키우면 그만큼 더 확실히 성공할 수 있는 방법을 찾아낼 수 있다는 말이 된다.

손정의 회장은 이 점을 잘 이해하고 있었다. 그래서 적자를 볼 정도로 많은 비용을 들여서 온갖 방법을 시험해 본 것이다.

'적자를 보지 않는 최대한의 범위에서 방법을 시험해 봐도 되지 않았을까?'

이렇게 생각하는 사람도 있을지 모른다. 그러나 소규모로 시험해 봐서는 작은 결과밖에 얻지 못하며, 작은 성공밖에 기대할 수 없다. '5년째에 흑자로 만든다'는 것은 손정의 회장에게 어디까지나 중간 목표일 뿐이었다. 그 너머에는 'NTT 도코모를 제치고 통신업계에서 넘버원이 된다'는 큰 목표가 있었다.

큰 성과를 내려면 큰 도전을 할 필요가 있다.

손정의 회장은 이 점을 잘 알고 있었기에 적자를 감수하겠다는 용기를 낼 수 있었다. 판매를 위탁하는 대리점도 한두 회사가 아니라 수십 회사를 시험해 봤다. 실제로 맡겨 보지 않으면 어느 대리점이 높은 성과를 낼지 알 수 없기 때문이다. 파라솔을 세운 장소와 지역도 통상적인 판촉 활동에서는 생각할 수 없는 규모였다. 상점가의 빈 점포에서부터 슈퍼마켓의 주차장 일부, 역 앞이나 공원의 자유 공간에 이르기까지, 그야말로 전국 방방곡곡의 빌릴 수 있는 장소는 전부 빌릴 기세였다. 다 합치면 수천 곳에 이르렀을 것이다.

어쨌든, 조금이라도 좋은 결과로 이어질 가능성이 보인다면 수와 장소를 확대해 대대적으로 동시에 전개한다는 것이 손정의 회장의 생각이었다.

앞에서도 말했듯이 소프트뱅크는 4년 연속 적자를 기록했는데, 사실 좀 더 일찍 흑자로 전환할 수도 있었다. '어떤 대리점으

로 압축해야 하는가?', '파라솔을 어느 지역에 집중해야 하는가?'
등에 대해 대략 검증을 마친 상태였기 때문이다. 그럼에도 손정
의 회장은 굳이 아슬아슬한 시점까지 적자 상태를 지속하면서
최대한 많은 인원과 예산을 쏟아부어 모든 방법을 시험해 본다
는 결단을 내렸다. 그 결과 2005년에는 매출액이 1조 엔을 돌파
했고, 다음 해에는 그 2배 이상인 2조 5000억 엔으로 급성장했
다. 본업에서 얼마나 이익을 냈는지를 보여주는 영업이익도 대
폭 개선되어, 2005년에는 600억 엔, 2006년에는 2700억 엔을
기록했다. 그 후로도 꾸준히 실적을 확대해 현재는 매출액 10조
엔, 영업이익 1조 엔 규모의 대기업으로 발전했다.

좋은 방법을 더욱 발전시키는 '6:3:1 법칙'

고속 PDCA로 수많은 방법을 시험해 보고 그중에서 '가장 좋
은 방법'을 찾아내는 것은 간단한 일이다. 모든 방법을 숫자로
관리하고 계속 시험해 보면 필연적으로 최적의 방법이 발견되
기 마련이다.
문제는 좋은 방법을 찾아낸 뒤다. 지금은 주위 환경이 정신없

이 변화하는 시대이기에 그 방법이 앞으로도 계속 좋은 방법일 가능성은 매우 낮다.

'만약 그 방법이 통용되지 않게 되면 다시 고속 PDCA를 실행해 다른 좋은 방법을 찾아내면 되잖아?'

이렇게 생각하는 독자도 있을 것이다. 그러나 다시 제로부터 모든 방법을 시험해 더 나은 방법을 찾아내려면 상당한 노력이 필요하다. 소프트뱅크의 경우도 적자라는 큰 리스크를 감수하면서 도전한 것이었다. 과거의 경험이 있다 한들 그 경험이 통용될지도 미지수다. 이런 번거로운 작업을 피하려 할 때 도움이 되는 것이 '6:3:1 법칙'이다.

예를 들어 여러분의 회사가 오랫동안 A라는 인쇄회사와 거래를 해왔다고 가정하자. A사의 품질에 불만은 없지만, 비용이나 기술적인 측면에서 더 나은 업체가 있을지도 모른다. 그러나 새로운 업체와 거래했다가 뭔가 문제가 발생하기라도 한다면 곤란할 수밖에 없다. 이럴 때 사용할 수 있는 것이 '6:3:1 법칙'이다.

이를테면, 일단 업무 중 10퍼센트를 새로운 업체인 B사로 전환한다. 그 정도라면 설령 문제가 발생하더라도 최소한의 손실에 그치며 거래처를 즉시 다른 회사로 전환해 만회할 수 있다. 10분의 1 정도의 리스크라면 상사도 그다지 난색을 표하지 않을 것이다.

만약 B사가 기대를 충족했다면 다음에는 전체 업무의 30퍼센트를 B사에 맡기고 A사에 60퍼센트를 맡긴다. 그리고 나머지 10퍼센트는 새로운 거래처 후보인 C사에 맡긴다. 그래서 이번에도 B사가 기대를 충분히 만족시켰다면 다음에는 B사에 60퍼센트를 맡기고 A사의 비중을 30퍼센트로 줄인다. C사는 아직 10퍼센트를 유지하면서 상황을 지켜보고, A사나 B사의 상황에 따라 비중 전환을 고려한다.

이 방법이라면 리스크를 최소화하면서 새로운 방법을 도입할 수 있다.

'10퍼센트'는 새로운 방법을 끊임없이 시험해 본다. 시험해 봤을 때 결과가 좋으면 '30퍼센트'로 전환한다. 요컨대, '6'이 1군, '3'이 2군, '1'이 육성군이다. 또한 '결과를 내지 못하면 교체된다는 것'을 보여줌으로써 1군 업체가 긴장감을 갖고 일하게 되는 부차적인 효과도 기대할 수 있다.

내 회사도 인터넷 광고대행사 세 곳과 거래하고 있으며, 각 회사에 대략 6:3:1의 비율로 광고 예산을 배분하고 있다. 사실 인터넷 광고에는 계절 변화나 광고대행사의 활동 편차에 따라

'6:3:1 법칙'으로 항상 최선의 방법을 손에 넣는다!

가장 좋은 방법	6	다음으로 좋은 방법	3	완전히 새로운 방법 1

부동산 영업을 하고 있는데 건설업계의 사무실 이전이 활발하다면······		
건설업계 60퍼센트의 노력	**통신업계** 30퍼센트의 노력	의류업계 10퍼센트 의 노력

광고를 냈는데 텔레비전 광고가 가장 효과적이었다면······		
텔레비전 광고 60퍼센트의 예산	**신문 광고** 30퍼센트의 예산	인터넷 광고 10퍼센트 의 예산

'6:3:1 법칙'의 세 가지 장점

1. 성과를 확보하면서 더 높은 곳을 지향할 수 있다.
2. 예측하지 못한 사태, 세상의 변화에 유연하게 대응할 수 있다.
3. 새로 시험해 본 방법이 실패하더라도 뼈아픈 타격을 입지 않는다.

효과가 달라진다는 특징이 있다. 어떤 달에는 효과가 좋았는데 다음 달에는 성과가 거의 제로에 가깝게 떨어지기도 한다. 따라서 만약 한 회사와만 거래한다면 매달 유치하는 신규 고객 수에 큰 편차가 생기겠지만, 6:3:1의 비율로 세 회사와 거래한다면 성과에 따라 예산 배분을 재검토하여 편차를 최소화할 수 있다. '6:3:1 법칙' 덕에 항상 일정 수준의 신규 고객을 끌어들일 수 있게 된 것이다.

이처럼 '6:3:1 법칙'으로 항상 최선의 방법을 찾을 수 있다.

반드시 예스를 이끌어 내는 손정의식 협상술

그런데 '가장 좋은 방법'만을 사용하려고 해도 여러 가지 장애물에 부딪히기 마련이다. 이를테면 상사가 여러분이 일하는 방식을 보고 참견을 할지도 모른다. 그럴 때 상사의 이해를 얻어 제안을 통과시키려면 상대가 리스크라고 느끼는 요소를 최대한 제거하는 것이 좋다. 이것은 달리 말해 상대에게 '이것을 하면 반드시 이익이 된다'는 생각을 심어 주라는 뜻이다. 그럴 수 있다면 반드시 상대에게서 예스를 이끌어 낼 수 있다.

이를테면, 새로운 애플리케이션 개발을 제안하려는데 상사가 '개발비가 부족할 것 같다'고 걱정할 것이 예상된다고 가정하자. 그럴 때는 애플리케이션 개발 실적이 있는 IT 기업과 공동 개발할 경우 필요한 예산을 확보하면 된다. 그 정도는 담당자 수준에서도 가능하다. 그리고 몇몇 기업과 접촉하다 보면 상대편에서 이런 제안을 할 수도 있다. "새로운 기술의 실용성을 테스트하고 싶은데, 귀사의 애플리케이션에 그 기술을 적용해 시험할 수 있게 허락해 주신다면 개발비는 일반 시세의 절반 정도만 부담하셔도 됩니다." 그렇게 되면 상사에게 이렇게 제안할 수 있다. "애플리케이션 개발비는 부서 1년 예산의 10퍼센트 이하로 충분합니다." 리스크가 거의 없고 비용도 그리 많이 들지 않는다는 점을 안다면 상사도 반대하지 않을 것이다.

토론으로 상대를 설득하는 데는 한계가 있다.

아무리 논리적으로 옳아도 상대가 '하지만 실제로 해보면 실패할 수도 있잖아?'라고 생각한다면 그것으로 끝이다. 그보다는 최대한 '노 리스크, 노 코스트(No Risk, No Cost)'에 가까운 상황을 마련하고 그 사실을 담담하게 전하는 편이 더 효과적이다.

사실은 손정의 회장도 협상에서 같은 수법을 사용한다. 여러분은 당시 휴대폰 업계 3위였던 소프트뱅크가 어떻게 아이폰 독점 판매권을 획득할 수 있었는지 신기하게 생각한 적이 없는가? 이것이 가능했던 것은 애플이 '소프트뱅크와 손을 잡으면 반드시 이익이 된다'고 생각할 만한 상황을 만들었기 때문이다.

아이폰이 일본에 발매되기 2년 전인 2006년, 소프트뱅크는 자사의 휴대폰과 아이팟을 묶어서 파는 세트 판매 서비스를 시작했다. 휴대폰과 아이팟을 세트로 파는 것 자체가 상식 밖의 발상이었는데, 이를 통해 소프트뱅크는 애플의 큰 고객이 되었다. 당시 일본에서 아이팟을 가장 많이 산 고객은 소프트뱅크였을 것이다. 이것으로 애플과 소프트뱅크 사이에 세계시장에서 공동 전선을 펼치는 파트너로서 토대가 형성되었다.

또한 손정의 회장은 애플에 프레젠테이션을 할 때 '소프트뱅크는 일본의 휴대폰 가입자 순증가 수에서 넘버원이다', '소프트뱅크는 아시아의 인터넷 시장에서 넘버원이다'라는 표현을 사용했는데, 이것은 거짓말이 아니었다. 매출이나 계약자 수에서는 업계 3위였지만 순증가수에서는 1위였다. 또한 '야후재팬'은 일본의 검색 사이트로서 압도적인 넘버원이며, 중국의 타오바오나 알리바바 같은 인터넷 기업에도 투자하거나 제휴 관계를 지속해 왔다. 즉 손정의 회장은 그저 사실을 말했을 뿐이다. 애플은 이를 강력한 메시지로 받아들였다. 아마도 당시 스티브 잡스는 소프트뱅크를 '일본 3위의 휴대폰 회사'가 아니라 '아시아 넘버원 기업'으로 인식했을 것이다.

아이팟 판매로 쌓은 실적과 신뢰가 있고, 게다가 애플이 일본뿐만 아니라 아시아 전체에서 넘버원 기업이라고 인식한다면 '소프트뱅크와 손을 잡으면 반드시 이익이 된다'는 생각이 드는 것도 무리는 아니다.

손정의 회장은 항상 이렇게 말했다. "협상 비결은 '잉어잡이 마아샨'에게 배워라." '고이토리 마아샨'은 손정의 회장의 고향집에서 가까운 후쿠오카 현 우키하 군(현재의 구루메 시)에 실존했던 잉어잡이의 달인이다. 그는 잉어를 잡기 며칠 전부터 영양가 높은 음식을 먹어 물속에서 체온이 떨어지지 않도록 준비하고, 당일에도 강가에서 모닥불을 피워 몸을 충분히 덥힌다. 그렇게 몸을 따뜻하게 한 다음 물속으로 들어가 엎드려 있으면 따뜻한 체온에 이끌려 잉어가 모여드는데 이때 그 잉어를 조용히 품에 안는다. 이것이 '잉어잡이 마아샨'의 방식이었다고 한다.

실전에 들어가기 전부터 준비를 거듭해, 상대가 자발적으로 찾아오도록 환경을 만든다. 손정의 회장의 협상술과 똑같다. 협상의 달인은 결코 토론으로 상대를 논파하거나 교묘한 화술로 설득하지 않는다. 잉어가 따뜻한 체온에 이끌리듯이, '이 사람과 함께 있으면 안심이 된다'는 상황을 만들어 놓으면 상대가 자발적으로 찾아온다. 주위의 협력을 받으며 자신이 하고 싶은 일을 하기 위해서라도 제안 전에 '노 리스크, 노 코스트' 상황을 만드는 데 힘을 쏟아야 한다.

사람을 움직이려면 불안을 없애라

그 밖에도 상사를 설득하는 좋은 방법이 있다. 회사나 상사와 싸우는 것이 아니라 리스크를 최소화해서 상대에게도 '이거라면 해도 괜찮을 것 같은데……'라는 안도감을 주는 것이 비결이다.

이를 위한 열쇠는 눈앞의 문제를 '가시화'하는 것이다. 사람은 자신이 모르는 것에 불안감을 느낀다. 그러므로 자신이 하고 싶은 방법을 상사나 동료들도 쉽게 이해할 수 있도록 제시하면 된다.

'가시화'를 할 때의 핵심은 다음의 세 가지다.

첫째, 그 방법을 실행했을 경우 문제가 될 수 있는 것을 전부 찾아낸다.

둘째, 문제를 찾아내는 작업은 관계자 전원이 실시한다.

셋째, 기대했던 성과를 내지 못했을 경우의 대안을 제시한다.

이렇게 해서 명확히 가시화하면 상대의 불안감을 상당히 불식할 수 있다.

'실패 확률이 생각보다 낮네?'

'기대했던 성과를 거두지 못하더라도 이런 대안이 있구나.'

이런 것이 명확히 보이면 다른 사람들도 '그렇다면 이 안을 한 번쯤 시험해 봐도 괜찮지 않을까?' 하는 생각이 들 것이다.

여기서 가장 중요한 것은 '문제를 찾아내는 작업은 관계자 전원이 실시한다'는 두 번째 원칙이다. 이 작업을 혼자서 하지 않고 그 제안의 실행에 관련된 사람들을 모아 어떤 점이 불안한지 이야기를 들어본다. 이것이 가장 빠르고 확실한 방법이다.

나는 새로운 프로젝트를 시작할 때 내 제안에 의문을 품을 것 같은 사람이나 반대할 것 같은 사람을 전부 모은다. 이것은 소프트뱅크 시절이나 지금이나 변함이 없다. 그런 다음 '이런 것을 할 생각입니다'라고 제안하면 모두가 이런 문제점을 지적하기 시작한다. '자금을 조달하기가 힘들 텐데……' '이러이러한 규제를 피할 수 없을 걸세.' '납기도 너무 짧은 것 같아.'

그러나 바로 이것이 나의 노림수다. 다른 사람이 무엇을 불안하게 생각하는지 알아내 그것을 가시화해 준다. '이 문제에는 이렇게 대처할 계획입니다'라고 구체적인 행동을 제시한다. 그러면 대부분은 이해하고 수긍한다.

'그런데 상대가 대안이 떠오르지 않는 문제점을 지적하면 어쩌지?' 이런 걱정을 할 수도 있는데, 사실은 이것도 혼자가 아니라 모두와 함께 작업하는 이유 가운데 하나다. 다양한 부서와 직급의 사람이 한곳에 모이면 내가 대안을 제시하지 못하더라도 누군가가 아이디어를 내주기 마련이다.

'이런 경우라면 예전 프로젝트에서 이용했던 자금 조달 방법이 쓸모 있을 것 같아.'

'납기가 너무 촉박하다면 일부는 외주를 주는 게 어떨까? 일처리가 빠른 업체를 알고 있는데.'

이런 식으로 모두가 아이디어를 내놓는다. 설령 프로젝트가 본격적으로 시작되기 전이라 해도 이렇게 관계자가 모여 얼굴을 맞대면 자연스럽게 주인의식이 생겨나 눈앞의 문제를 해결해야 한다고 생각하게 된다. 그러면 혼자서 할 때보다 훨씬 빠르고 확실하게 눈앞의 문제나 리스크를 해결해 나갈 수 있으며, 모두의 생각이 긍정적인 방향으로 바뀌어 간다. 나는 이런 경험을 수없이 했다.

'대대적으로 시험해 보고 가장 좋은 방법만을 실시한다'는 원칙을 일반 업무나 프로젝트에서 실천하고 싶다면 먼저 관계자를 모아 우려되는 문제를 찾아내 보라. 그 자리에서 문제나 리스크를 '가시화'하는 데 성공한다면, 그곳에 있는 사람들의 찬성이나 협력을 얻기가 수월해질 것이다.

P   L   A   N   —————————————

D   O   —————————————

C   H   E   C   K   —————————————

A   C   T   ———————————————————

제6장

'타인의 힘'을 빌려 PDCA를 더욱 빠르게 실행한다

지금까지 고속 PDCA의 실행 방법을 설명했는데,
한 가지 이야기하지 않은 것이 있다. 바로 '타인의 힘을 빌리는 법'이다.
사실 손정의 회장은 소프트뱅크의 사업을 확장해 나가며 실로
수많은 사람의 힘을 빌려 왔다. 경영 감각이 탁월한 사람뿐 아니라
스포츠 업계에서 활약하는 사람의 힘도 빌렸다.
타인의 힘을 빌리는 이유는 간단하다. 바로 그것이 일을 성공의 궤도로
올리는 가장 빠르고 쉬운 길이기 때문이다. 이 장에서는 손정의 회장이
어떤 사람들과 인맥을 만들어 사업을 성공으로 이끌어 왔는지 살펴보고,
그것을 보통 사람들도 실천할 수 있는 비결로 정리해 본다.

손정의 회장의
산악 가이드 이론

손정의 회장은 분명히 천재적인 경영자다. 그렇다고 무엇이
든 혼자서 해낼 수 있는 슈퍼맨은 아니다. 본인은 오히려 저 혼자
의 힘으로는 할 수 있는 것이 아무것도 없다고 생각했다. 그래서
손정의 회장은 뭔가 새로운 것을 시작할 때, 또는 잘 모르는 분야
의 지식이나 정보를 얻어야 할 때 반드시 타인의 힘을 빌린다.

뭔가 알고 싶은 것이 있으면 즉시 그것을 잘 아는 사람에게
묻는다. 완전히 새로운 분야에 진출할 때는 그 업계에 정통한 사
람에게 협력을 요청하거나 사내로 초빙한다. 그렇게 해서 자신

에게 부족한 정보나 지혜, 경험, 노하우를 끊임없이 빌린다.

자신에게 지혜나 경험이 없다고 해서 그것을 몸에 익힐 때까지 기다린다면 평생이 가도 새로운 일에 도전할 수 없다. '하자!'라고 결정하고 일단 움직이면서 타인의 힘을 빌려야 한다. 소프트뱅크가 다양한 분야에서 성공할 수 있었던 데는 이런 비결이 있었다.

손정의 회장이 실천하고 있는 이 기법을 나는 '산악 가이드 이론'이라고 부른다. 처음 도전하는 산을 최단 경로로 등반하기 위해서는 그 산을 잘 아는 가이드를 고용하는 것이 가장 확실한 방법이다. 가이드는 길 안내도 해주고, 위험한 장소도 가르쳐 준다. 급한 경사면에서는 미끄러지지 않고 안전하게 오르는 방법도 알려준다. 혼자 힘만으로 넘어설 수 없는 곳이 있으면 로프를 내려서 끌어올려 주기도 한다. 그 덕분에 가장 빠른 속도로 산의 정상에 오를 수 있다. 굳이 초보자가 혼자서 산을 오를 필요가 전혀 없다.

손정의 회장의 방식도 이와 마찬가지다. 새로운 비즈니스의 산에 도전할 때마다 산악 가이드를 고용하는 것이다.

소프트뱅크는 창업 이래 다양한 사업에 손을 댔는데, 신규 사업을 시작할 때면 항상 그 방면의 전문가를 영입했다. 1990년대에 금융 산업에 뛰어들었을 때는 노무라증권의 기타오 요시타카(현 SBI 홀딩스 회장)를 이사로 초빙했다. '언젠가는 노무라증권의 사장이 될 것'이라는 평가를 받았던 우수한 증권 전문가가 손정의 회장의 제안에 소프트뱅크 그룹으로 회사를 옮긴 것이다. 또 2000년대에는 후지은행에서 부총재를, 야스다 신탁은행(현 미즈호 신탁은행)에서 회장을 역임한 가사이 가즈히코가 이사로 가세했다. 그 후 소프트뱅크는 닛폰텔레콤이나 보더폰 등의 기업을 인수하고 해외 투자를 적극적으로 진행했는데, 이를 뒷받침한 재정 전문가가 바로 가사이였다.

얼마 전에 부사장직에서 물러난 니케시 아로라가 소프트뱅크에 들어온 것도 그의 모국인 인도에 적극적으로 투자하던 때였다. 아마도 손정의 회장은 인도 시장에 해박한 사람을 물색하다가 '이 사람의 힘을 꼭 빌리고 싶다'고 생각했을 것이다.

소프트뱅크는 2005년부터 프로야구 구단을 운영했다. 기존 사업과는 거리가 먼 스포츠의 세계에 뛰어든 손정의 회장이 영입한 인물은 고바야시 이타루였다. 그는 도쿄대학이 세 번째로 배출한 프로야구 선수로 화제가 되었으며, 현역에서 은퇴한 뒤에는 컬럼비아대학교 경영대학원에서 MBA를 취득했다. 야구단을 경영하기 위해 힘을 빌릴 상대로서 야구와 경영에 모두 해박한 고바야시보다 적임자는 없었을 것이다. 고바야시가 출간한 책을 읽은 손정의 회장이 직접 연락해서 구단 임원직을 제안했다고 들었다. 고바야시는 후쿠오카 소프트뱅크 호크스에서 이사를 역임했고, 현재는 고문으로서 구단 경영에 관여하고 있다.

이처럼 손정의 회장은 새로운 프로젝트를 시작할 때마다 그 분야의 정상급 인재에게 지혜와 노하우를 빌려 왔다. 소프트뱅크가 단기간에 급성장할 수 있었던 이유도 여기에 있다.

자신을 경계하기 위해 필요한 타인의 힘

손정의 회장은 이름이 알려진 인물만을 기용하지는 않는다. 현장에 해박한 비즈니스맨 또는 최첨단 기술이나 노하우에 정통한 연구자 등 자신이 알고 싶은 정보를 가진 사람이라면 명성 따위는 신경 쓰지 않고 접근한다. 직함이 무엇이든, 경력이 어떠하든, 나이가 많든 적든, 경험이 있든 없든 자신에게 유익하다고 생각하는 정보나 노하우를 가진 사람의 조언과 설명에는 귀를 기울인다. 이처럼 편견 없는 마음가짐이 있었기에 손정의 회장은 타인의 힘을 빌리면서 큰일을 이루어 낼 수 있었던 것이다.

예컨대 손정의 회장은 자금을 조달해야겠다고 생각하면 투자은행을 여러 곳 불러 이야기를 듣는다. 기술이 진보하고 시장이 변화하면서 금융 세계에서는 매일같이 새로운 자금 조달 기법이 등장한다. 따라서 현 시점에서 무엇이 가장 좋은 방법인지는 최신 정보를 아는 사람에게 묻는 것이 가장 빠르고 간단하며 확실하다. 또한 한 회사가 아니라 복수의 금융기관에 물어보는 것이 핵심이다. 항상 네다섯 곳을 불러서 질문을 던진다. 그러면 두 번째, 세 번째로 넘어갈수록 다음과 같이 좀 더 날카로운 질문을 할 수 있다. "첫 번째 회사의 이야기하고 모순되는 것 같습니다만?" "두 번째 회사에서도 비슷한 수법을 제안했는데, 어떤 점이 다른가요?" 이렇게 모든 회사의 이야기를 들어 보면 손정의 회장 자신도 최신 금융 조달 기법에 관해 어느 정도 지식을 갖추게 되는데, 이런 일이 일상적으로 반복되었다.

또 손정의 회장은 외부인뿐 아니라 내부인의 힘도 아낌없이 빌린다. 뭔가 알고 싶은 것이 있으면 지방으로 출장을 간 직원이든 해외에 파견된 임원이든, 그것을 알고 있는 사람에게 그 자리에서 바로 연락을 한다. 시차 때문에 상대방은 한밤중이나 이른 새벽에 전화를 받겠지만, 궁금해지면 바로 연락해서 물어봐야

직성이 풀린다. 손정의 회장은 그만큼 탐욕스럽게 타인의 힘을 빌린다.

대개는 사회적 지위가 높아지거나 나이가 들수록 타인의 이야기에 편견 없이 귀를 기울이지 못한다. '오랫동안 스스로 이 일을 하면서 경험을 쌓아 왔다'는 자부심 때문에 자신의 의견이 가장 옳다고 믿어 자신과 다른 생각이나 정보를 받아들이지 못하는 것이다. 그러나 이것이야말로 '상식에 얽매여' 새로운 일에 도전하지 못하는 원인이 된다.

손정의 회장에게는 이런 고집이 전혀 없다. 좋은 아이디어라면 그것이 자신의 발상이든 부하직원이나 외부인의 발상이든 상관하지 않는다. 중요한 것은 오직 한 가지, 결과를 낼 수 있는지 여부다. 결과를 내는 데 도움이 된다면 누구의 어떤 의견이라도 받아들이며, 실행해서 성과로 이어진다면 제안한 사람을 높게 평가한다. 그런 공명정대함이 소프트뱅크의 힘을 만들어 내고 있다.

여담이지만, 소프트뱅크의 사외이사에 거물들이 이름을 올리고 있는 것도 '내 눈치를 보지 않고 의견을 낼 수 있는 사람을 곁에 두고 싶다'는 손정의 회장의 생각에서 연유한다.

현재 사외이사는 유니클로를 운영하는 패스트리테일링의 회장 겸 사장인 야나이 다다시와 일본전산의 창업자이며 회장 겸 사장인 나가모리 시게노부다. 두 사람 모두 오늘날 일본을 대표하는 경영자다. 과거에는 일본 맥도날드의 창업자인 후지타 덴, 경영 컨설턴트 오마에 겐이치, '일본 인터넷의 아버지'로 불리는 공학박사 무라이 준 등이 사외이사에 이름을 올렸다. 하나같이 일본 산업계, 경제계, IT의 역사를 이야기할 때 빼놓을 수 없는 중요한 인물이다.

이미 거물이 된 손정의 회장은 자신에게 반대 의견을 말하거나 쓴소리를 할 수 있는 사람이 주위에서 사라지는 사태를 걱정하고 있다. 자신이 혼자 내린 판단은 틀릴 수도 있다는 사실을 충분히 자각하고 있다. 보통, 사외이사는 경영자와 개인적으로 친분이 있는 친구이거나 이름만 걸어 놓고 경영에는 거의 끼어들지 않는다. 그러나 손정의 회장은 굳이 자신에게 듣기 싫은 말을 할 수 있는 인물을 곁에 두고 있다.

때로는 자신을 경계하고 견제하기 위해 타인의 힘을 빌린다. 이것도 손정의 회장이 다른 경영자와 다른 점 가운데 하나가 아닐까.

타인의 '승리 패턴'을 빌리는
손정의식 필승법

'타인의 힘을 빌리는 건 치사하지 않아?'

'자신의 힘으로 무에서 유를 만들어 내니 비즈니스가 재미있는 거라고.'

이렇게 생각하는 사람도 있을 것이다. 그러나 사실 세상에서 '새로운 비즈니스'라고 부르는 것의 대부분은 과거에 누군가가 시작한 비즈니스의 연장선에 있다.

소프트뱅크의 비즈니스도 마찬가지다. 검색 포털 사이트인 '야후재팬'은 미국 '야후'의 비즈니스 모델을 가져온 것이고, '나스닥 재팬'도 미국 증권거래소 '나스닥'의 일본 버전이다. 저가 ADSL 서비스도 외국에는 이미 성공 사례가 있었다.

사람들이 보기에는 '이미 있는 성공 모델을 따라 했을 뿐'이라는 생각이 들 수도 있다. 그러나 그것으로 충분하다. 다시 한 번 말하지만, 손정의 회장이 생각하는 것은 결과를 낼 수 있는지 여부뿐이다. 지향하는 목표를 달성할 수 있다면 수단에 연연하지 않는다. 애초에 손정의 회장은 '비즈니스 아이디어는 자신만의 독창적인 것이어야 한다'고 생각하지 않는다. 오히려 타인의 좋은 아이디어를 적극적으로 빌리면 된다고 생각한다.

소프트뱅크에는 '타임머신 경영'이라고 부르는 것이 있다. 이 것은 '미국에서 성공한 비즈니스는 얼마 후 일본으로 넘어온다'는 생각 아래 미국의 유망한 벤처기업에 출자하거나 조인트 벤처를 설립해 그 비즈니스 모델을 재빨리 일본에 도입하는 경영 기법이다. 소프트뱅크가 갓 창업한 '야후'에 출자하고 훗날 일본에서 '야후재팬'을 설립한 것이 그 대표적인 예다. 검색 서비스를 만들어 낸 곳은 어디까지나 미국의 '야후'이며 손정의 회장은 그 모델을 빌렸을 뿐이지만, 결과적으로 '야후재팬'이 일본 국내에서 점유율 1위를 자랑하는 포털 사이트가 되었으므로 비즈니스로서는 더할 나위 없이 성공한 셈이다. 아이디어가 독창적인지는 아무도 신경 쓰지 않는다. 또한 이미 소개했듯이, '야후BB'의 판촉을 위해 실시한 '파라솔 영업'도 원래는 '스카이 퍼펙트 TV!'가 시도해 효과를 본 판촉 기법이었다. 이것도 과거의 성공 패턴을 다른 비즈니스에서 흉내 내 결과를 낸 사례다.

이렇듯 손정의 회장 정도의 천재적 경영자조차 타인의 아이디어를 끊임없이 빌리고 있다. 경영이나 업무 경험이 적은 사람이라면 더더욱 성공한 사람의 노하우나 지혜를 빌려야 한다. 성공한 회사나 사람은 반드시 '승리 패턴'을 가지고 있다. 그것을

빌린다면 경험해 본 적이 없는 업무나 비즈니스에서도 빠르게
결과를 낼 수 있다.

돈을 빌리는 힘은 어떻게 키울까?

손정의 회장이 타인에게서 빌리는 것은 정보나 지혜만이 아
니다. 손정의 회장은 비즈니스를 하기 위해 반드시 필요한 '돈'
을 빌리는 데도 천재적인 경영자다. 그렇다면 어떻게 돈을 빌릴
까? 핵심 비결은 최종 목표를 기준으로 역산해서 필요할 때 필
요한 금액을 빌릴 수 있을 만큼 실적과 신뢰를 쌓는 것이다.

2장에서도 소개했듯이, 소프트뱅크가 닛폰텔레콤이나 보더
폰을 인수할 정도의 자금을 조달하는 데 성공한 것은 손정의 회
장이 'NTT 도코모를 제치고 넘버원이 된다'는 목표를 기준으로
역산해서 전략을 짰기 때문이다.

NTT 도코모와 같은 링에 올라가서 싸우려면 휴대폰 사업에
뛰어들 필요가 있다. 휴대폰 사업에 뛰어들려면 통신업계에서
실적을 쌓을 필요가 있다.

이처럼 목표 지점까지의 여정을 그린 손정의 회장은 먼저

ADSL 사업에 뛰어들어 가입자 500만 명을 확보했다. 그리고 이 실적을 발판으로 고정전화 사업자인 닛폰텔레콤을 인수하기 위한 자금을 조달했다.

"ADSL 사용자는 IP 전화도 이용할 수 있습니다. 소프트뱅크와 하나가 된다면 닛폰텔레콤의 고정전화 사용자와 연계한 요금제를 내놓는 등 커다란 상승효과를 일으켜 더 크게 성장할 수 있습니다."

손정의 회장은 금융기관을 이렇게 설득해서 자금을 조달했다고 한다. 인수 금액은 3400억 엔으로, 그 전년도 매출액이 5000억 엔대였던 기업으로서는 큰 금액이다.

닛폰텔레콤을 인수해 1000만 명의 고객과 고정전화 사업자로서의 실적을 손에 넣은 소프트뱅크는 때를 기다려 휴대전화 사업자인 보더폰 일본 법인을 인수했다. 이때의 인수 금액은 1조 7500만 엔으로, 일본 기업의 M&A로는 사상 최대 규모였다. 통신사업자로서 아무런 실적도 없었던 시절의 소프트뱅크였다면 도저히 조달할 수 없는 금액이었지만, 손정의 회장은 '홉 (hop), 스텝(step), 점프(jump)'라는 삼단뛰기로 금융기관에서 거액의 돈을 빌리는 데 성공했다.

소프트뱅크는 그 후에도 대형 인수와 투자를 계속하고 있는

데, 그것도 손정의 회장에게 돈을 빌리는 힘이 있기 때문이다. '소프트뱅크는 빚이 그렇게 많은데 괜찮은가요?'라는 질문을 종종 받는다. 경영의 관점에서 보면 빚이 많은 것은 오히려 아주 좋은 일이다. 금융기관이 '빚을 져도 장래에 그 금액을 웃돌 만큼 돈을 벌어들일 수 있다'고 판단했다는 증거이기 때문이다. 요컨대, 그만큼 신용과 장래성이 있다는 보증서를 받은 것과 같다. 그러므로 빌릴 수 있는 동안에는 계속 빌리면 된다. 그 돈을 사용해 비즈니스를 성공시키고 세상에 돈이 돌게 하는 것도 기업이 해야 할 중요한 역할이다.

열의가 없는 사람에게는 아무도 힘을 빌려주지 않는다

'손정의 회장은 사회적으로 영향력이 있으니까 다른 사람들이 힘을 빌려주는 거 아니야?'

이렇게 생각하는 사람도 있겠지만, 무엇이든 물어보는 손정의 회장의 습관은 어제오늘 시작된 것이 아니다. 그는 아직 무명이었던 젊은 시절부터 알고 싶은 것이 있으면 직접 정보나 지혜를 얻으러 갔다.

손정의 회장이 열여섯 살 때 일본 맥도날드의 사장이었던 후지타 덴을 만나러 간 일화는 유명하다. 당시 손정의 회장은 이름도 없는 고등학생이었지만, 후지타 덴에게 편지를 보내고 비서에게 수없이 전화를 거는 등 끈질기게 노력한 끝에 결국 그를 만날 수 있었다고 한다.

드디어 대면한 후지타 덴에게 손정의 회장은 이렇게 물었다. "앞으로 미국으로 유학을 갈 예정인데, 무엇을 공부해야 할까요?" 그러자 후지타 덴이 대답했다. "앞으로는 컴퓨터 시대이니 컴퓨터를 공부하게." 이 한마디가 손정의 회장의 이후 행보를 결정지었다고 생각하면 참으로 감개가 무량하다.

이 일화에서 알 수 있는 것은 '누가 물어보든 대부분의 사람은 대답해 준다'는 사실이다. 자신이 알고 싶은 지혜나 정보를 가진 사람을 찾아내 아무런 연고도 없는 상대에게 '힘을 빌리고 싶습니다'라고 연락하는 것은 그 수고도 수고지만 무엇보다 적지 않은 용기가 필요한 일이다. 그런 까닭에 연락을 받은 상대는 그 사람의 진심과 열의를 느끼고, '그렇다면 힘을 빌려주자'라고 생각한다.

나도 20대였을 때 재무 이론의 일인자로 불리는 대학 교수를 무턱대고 찾아가 지도를 받은 적이 있다. 소프트뱅크로 샷 이직했을 무렵이었다. 숫자에 강해지라는 말을 손정의 회장에게 들었지만 교과서만 읽어서는 그 내용을 실무에서 어떻게 활용해야 할지 막막해 전문 지식이 있는 사람에게 가르침을 받자고 생각한 것이었다. 일면식도 없었지만, 연락을 하자 그 교수는 흔쾌히 내 요청에 응해 주었다. 물론 수업료를 받지도 않았다. 당시 소프트뱅크는 아직 지명도가 낮았고 나도 그저 젊은 직장인일 뿐이었으니, 그가 어떤 대가를 바라고 내 요청을 받아들인 것도 아니었다.

'알고 싶다'는 열의가 있다면 이처럼 타인의 이야기를 들을 수 있다. '학생이니까', '신입사원이니까'라며 지레 뒷걸음질 칠 필요는 없다.

나도 이제는 이야기를 들려주는 처지가 될 때가 많아졌다. 지금까지 몇 차례 이야기한 부동산 영업사원 야마다도 그중 한 사람이다. 그도 내게 연락하고 만나러 왔기에 '고속 PDCA' 기술에 대해 듣고 성과를 내는 계기를 만들 수 있었다.

내 책을 읽었다는 학생에게 연락을 받은 적도 많은데, 사정이 허락한다면 되도록 만나서 이야기를 들어 주려고 한다. 책의 저자에게 연락해 만나 보자고 생각했다는 사실만으로도 그만큼 열의가 있고 진지하다는 점을 충분히 알 수 있기 때문이다. 나에게 연락을 해오는 사람들은 대부분 창업이나 회사 경영에 흥미가 있는 젊은이들로, 나는 그들에게 진로나 취업에 관해 조언해 주곤 한다. 실제로 그중 몇 명은 현재 벤처기업을 경영하고 있거나 창업을 했다.

교육·복지 사업을 하는 리탈리코의 대표이사 하세가와 아쓰미도 그중 한 사람이다. 지금으로부터 약 10년 전, 대학생이었던 그가 나를 찾아와 물었다. "졸업 후에는 취직을 하는 편이 좋을까요, 아니면 창업을 하는 편이 좋을까요?" 나는 이렇게 대답했다. "반드시 성공한다고 확신할 수 있는 상황을 만든 다음에 창업하는 편이 좋네." 그러자 그는 벤처기업에 취직하는 길을 선택했는데, 얼마 뒤 다시 내게 연락을 했다. 사내에서 실적을 인정받아 젊은 나이에 사장이 되었지만 기대만큼 실적을 내지 못하자 내 힘을 빌리고 싶다고 연락한 것이었다. 이에 나는 리탈리코의 사외이사가 되어 '고속 PDCA' 기법을 전하면서 경영 개선에 힘을 보탰다. 그러자 실적은 금방 흑자로 전환되었고, 2016년에는 신흥 기업을 위한 주식시장인 마더즈(MOTHERS: Market of the high-growth and emerging stocks)에도 상장했다. 손정의 회장 밑에서 배운 노하우를 이렇게 젊은 경영자를 위해 사용할 수 있어 나로서도 무적 기뻤다.

이처럼 젊은 나이에 결과를 내는 사람들은 모두 타인의 힘을 잘 빌린다. 그러므로 여러분도 자신이 알고 싶은 정보나 지혜를 가진 사람이 있으면 망설이지 말고 연락할 것을 권한다. 지금은 인터넷에서 검색하면 그 분야의 전문가를 금방 찾아낼 수 있다. 그 전문가의 홈페이지나 블로그가 있다면 그곳에 이메일을 보낼 수도 있고, SNS를 통해서도 접촉할 수 있다. 물론 거절당할 때도 있겠지만, 열 명에게 말을 걸면 한두 명은 만나 줄 것이다. 거절당한다고 해서 잃는 것도 없으니 밑져야 본전 아니겠는가.

아무런 비용도 들이지 않고 리스크 없이 좋은 결과를 얻을 수 있으니 이보다 수지가 맞는 장사도 없을 것이다.

타인이 힘을 빌려주고 싶도록 말하는 방법

타인의 힘을 잘 빌리는 세 가지 비결이 있다.

첫째, 이야기를 들으러 가기 전에 관련 서적을 읽어 둔다.
둘째, 좋은 질문을 준비해 놓는다.

셋째, 비전을 이야기한다.

첫째는 '예측'을 하기 위해서다. 그 분야나 주제에 관한 기본 정보를 대충 훑어본 다음 '정말 알고 싶은 정보는 이 부근에 있지 않을까?'라고 대략적으로 예상해 놓을 필요가 있다. 이런 작업도 없이 질문을 하러 가면 무엇이 자신에게 도움이 될 정보인지조차 판단하지 못한다.

나는 현재 인공지능을 활용한 새로운 사업을 준비하고 있다. 사업을 시작하기에 앞서 이 분야의 연구자와 개발자들에게 이야기를 들으러 갔는데, 그전에 먼저 한 일이 인공지능에 관한 책을 읽는 것이었다. 서점에 가서 이 분야의 책을 세 권 정도 구입한 다음, 내게 중요하다고 생각되는 페이지에 포스트잇을 붙여나갔다. 기초적인 정보를 망라한 책을 세 권쯤 읽으면 '인공지능이란 무엇인가?'라는 개요는 이해할 수 있다.

그런 다음 이야기를 듣고자 어떤 회사에서 인공지능을 연구하고 있는 사람과 만났다. 내가 사전에 중요하다고 생각한 정보를 바탕으로 "인공지능의 학습 프로세스와 인간 뇌의 학습 프로세스는 똑같더군요?"라고 물어보니 상대는 뜻밖의 대답을 했다.

"맞아요. 그래서 인공지능 연구에는 실험 환경이 필요합니다."

요컨대, 인간의 뇌와 똑같이 학습할 수 있는 환경이 있으면 연구를 더욱 진전시킬 수 있다는 말이었다. 내 회사는 예전부터 영어 학습과 전자학습 사업을 해왔으므로 인간 뇌의 학습 프로세스를 관찰할 실험 환경을 갖추고 있다. 그래서 "저희가 보유한 실험 환경을 제공할 테니 함께 비즈니스를 하지 않겠습니까?"라고 제안해 쉽게 승낙을 얻어 낼 수 있었다. 단순히 이야기를 듣는 관계가 아니라 비즈니스 파트너로서 힘을 빌릴 수 있는 관계가 된 것이다. 이렇게 해서 내 회사는 개발비 부담 없이 인공지능 기술을 이용한 비즈니스를 준비할 수 있었다.

이것도 미리 책을 읽고 어떤 정보가 도움이 될지 '예측'해 놓았기에 가능한 일이었다. 그저 '인공지능이란 무엇입니까?'라고 물어봤다면, 이렇게까지 구체적인 사업 이야기로 연결되지는 않았을 것이다.

책을 읽고 도움이 되겠다고 생각한 부분을 더욱 깊이 파고들고 싶다면 논문을 읽어 볼 것을 권한다. 'RISS'(http://www.riss.kr/index.do)는 학술 논문과 박사 논문 등을 검색할 수 있는 사이트다. 일부 자료는 유료이지만, 얻을 수 있는 정보나 지식의 질을 생각하면 결코 비싸지 않다. 논문의 저자 중에는 '일반인을 대상으로 책을 내지는 않았지만 이 분야에서 일인자로 알려진' 사람도 많으므로 이야기를 들을 상대를 찾아내기 위한 도구로도 활용할 가치가 있다.

그럼 이제 타인의 힘을 잘 빌리기 위한 두 번째 비결, '좋은 질문을 준비해 놓는다'에 대해 간단히 살펴보자. 좋은 질문이란 자기 나름의 가설을 갖고 하는 질문이다. 나는 강연을 할 때 질의응답 시간에 "지금이라면 어떤 사업이 성공할까요?"라는 질문을 받곤 하는데, 그런 질문에는 대답할 수가 없다. 그 사업을 하는 사람의 능력과 경험, 환경에 따라 무엇이 성공할지가 달라지기 때문이다. 그러므로 준비할 수 있는 자금과 자신이 가진 노하우, 사업을 시작하려고 생각하는 영역이나 업종 등의 전제 조건을 명확히 밝힌 다음 '어떤 사업이 성공할까요?'라고 질문하지 않으면 나로서도 대답할 방법이 없다.

한편, 가설을 갖고 질문을 하면 나도 도움이 되는 조언을 해줄 수 있다. "도쿄 시부야 구의 번화가에 10제곱미터 크기의 작은 팝콘 가게를 열 생각입니다. 1년 동안 임대료를 낼 정도의 현금은 가지고 있는데, 성공할 수 있을까요?" 이렇게 구체적으로 질문한다면 나도 도움이 되는 대답을 해줄 수 있다. 그러나 아무런 가설도 없이 '무엇을 하면 성공할 수 있을까요?'라고 질문하는 데는, 내가 점쟁이가 아닌 이상 대답해 줄 수 없지 않겠는가.

상대도 기껏 시간을 내어 질문을 들어 주는 것이니, 그 귀중한 시간을 낭비하지 않으려면 좋은 질문을 미리 준비해 두어야 한다.

비전을 이야기하면 조력자가 나타난다

'비전을 이야기한다.' 타인의 힘을 잘 빌리기 위한 세 번째 비결이다. 누구나 그 사람에게 공감할 수 있는 비전이 있을 때 '힘을 빌려주고 싶다'고 생각하게 된다. 이것은 '뜻'이라고 바꿔 말해도 무방할지 모른다.

비전을 이야기하면 생각지도 못했던 조력자가 나타나거나 정보와 돈이 모여든다. 이것은 희망적 관측이 아니라 확고한 사실이다. 손정의 회장 주위에 사람들이 모여드는 것은 항상 '나는 이렇게 하고 싶다'는 '뜻'을 선언하기 때문이다.

하고 싶은 일이 있으면 대대적으로 발표하는 것이 손정의 회장의 방식이다. ADSL 사업에 진출한다고 발표했을 때도 사실은 어디까지나 '시험 서비스를 시작한다'는 내용이었다. 통신업계를 관할하는 정보통신부나 설비를 빌려줄 NTT 도코모와 협의를 완전히 마친 상태가 아니었기 때문이다. 그러나 '소프트뱅크가 ADSL 사업을 시작합니다!'라고 선언하자 힘을 빌려주고자 하는 조력자들이 속속 나타났다. 소프트뱅크보다 먼저 ADSL 사업에 손을 댔던 벤처기업에서 '함께 일하고 싶다'고 제의해 이 기업을 인수했는데, 이 회사의 인재와 노하우가 사업에 큰 도움이 되기도 했다.

내가 독립해서 전자학습 사업에 손을 댔을 때도 이곳저곳을 돌아다니며 '교육 사업을 하고 싶습니다'라고 말하는 사이에 조력자가 나타났다. 인터넷 카페에 게임 등의 콘텐츠를 도매하는 회사를 경영하는 사람이었는데, 그는 내게 이렇게 제안했다. "인터넷 카페에서 전자교육을 할 수 있으면 좋지 않을까요?" 게다가 그가 출자자가 되어 자신이 거래하는 인터넷 카페에 판매해 주겠다는 말도 했다. 그 덕분에 나는 거액의 자금을 준비할 필요도 없이, 거의 아무런 리스크도 없이 사업을 시작할 수 있었다. 아직 아이디어 단계에 불과하더라도 누군가에게 이야기하다 보면 생각지도 못했던 정보나 자금이 모여든다는 사실을 실감한 순간이었다.

개인이 회사의 내부에서 조력자를 얻고자 할 때도 마찬가지다. 하고 싶은 것이 있으면 먼저 누군가에게 이야기해 보라. 이것은 단순해 보이지만 매우 중요한 행동이다. 잠자코 있으면 여러분이 어떤 뜻을 품고 있는지 아무도 알지 못한다. 그러나 이야기를 해보면 힘을 빌려줄 사람이 나타날 가능성은 충분히 존재한다.

나는 소프트뱅크로 이직하기 전에 다녔던 미쓰비시지쇼에서 '마루노우치 활성화 프로젝트'를 시작한 경험이 있다. 당시의 마루노우치는 지금으로서는 상상도 할 수 없을 만큼 썰렁했다. 버블 붕괴 이후 지방 은행과 대기업의 사무실이 하나둘 철수해 완전히 유령 거리가 되어 있었던 것이다. 그런 모습을 매일같이 바라보던 나는 '이 거리를 다시 활기차게 만들고 싶다'는 생각이 들었고, 빈 점포에 카페를 열자는 아이디어를 떠올렸다. 그러나 당시 나는 대학을 졸업하고 입사한 지 2년밖에 안 된 신입사원이었고, 소속도 홍보부였다. 거리의 재개발에 대해서는 아무런 경험이 없는 신입사원이 제안을 한들 이런저런 반발을 살 것은 불을 보듯 뻔했다. '왜 네가 그런 제안을 하는 거지?' '그게 잘될 리가 있겠냐.' 오피스 거리인 마루노우치에 음식점을 연다는 것도 당시로서는 상식 밖의 발상이었다.

그래도 과감하게 '이런 것을 해보고 싶습니다'라고 비전을 이야기하자 직속 상사와 선배가 찬성하고 나섰다. 상사는 '내가 책임을 질 테니 자유롭게 해보게'라고까지 말해 주었다. 게다가 카페 오픈에 홍보부 예산을 사용할 수 있게 해주었을 뿐 아니라 사장에게 직접 프레젠테이션을 할 기회도 주선해 주었다. 그리고 이 프레젠테이션에서 안이 통과되어 '마루노우치 카페'를 개업한 결과 점포는 대성황을 이루었고, 그 성공을 계기로 사내에서 마루노우치 전체를 활기 넘치는 거리로 만들기 위한 프로젝트가 본격적으로 시작되었다.

이것은 모두 내가 '이것을 하고 싶습니다'라고 비전을 이야기한 덕분이다.

이와 관련해 타인의 힘을 빌리는 비결을 한 가지 더 추가한다면, 사내에서 실적을 쌓으라고 조언하고 싶다. 이미 예상한 바였지만, 내 상사와 선배 한 명을 제외하면 사내의 모두가 카페 제안에 크게 반대했다. 그런데 카페가 성공하자 사내 분위기가 백팔십도 바뀌었고, 그 결과 프로젝트에 협력하는 사람도 늘어났다.

아무리 작은 것이라도 좋으니 사내에서 실적을 쌓아 놓으면 주위의 협력을 얻기가 수월해진다. '이 사람과 함께라면 성공할 수 있어'라는 생각을 심어 놓으면 사람과 정보는 자연스럽게 모여든다.

나는 타인의 힘을 빌리면 어떤 문제라도 해결할 수 있다고 생각한다. 극단적으로 말해, '우주 개발을 하시오'라는 지시를 받더라도 그 자리에서 '네'라고 받아들일 것이다. 우주 개발에 정통한 사람의 힘을 빌리면 되기 때문이다.

당신에게 없는 것은 다른 사람에게 빌리면 된다. 이렇게 생각하면 당신이 할 수 있는 일의 가능성이 무한대로 확장된다.

멈추지 않는
소프트뱅크 성장의 비밀

시가총액 200조 엔의 세계 넘버원 기업

손정의 회장이 설정하는 목표는 항상 '넘버원이 되는 것'이다.
단순한 1위가 아니라 '압도적인 넘버원'을 지향한다. 예를 들어
경쟁사가 수만 명 규모의 사용자를 확보하는 수준이었던 ADSL
사업에 뛰어들면서 '100만 명 확보'를 목표로 내걸었고, 이를 실
현해 냈다. 또한 2013년에는 매출액과 영업이익, 순이익 등 모
든 측면에서 NTT 도코모를 제치고 업계 넘버원의 자리를 손에
넣었다.

그리고 지금, 손정의 회장은 이미 다음 '넘버원'을 내다보고 있다. 2016년 7월, 소프트뱅크가 영국의 반도체 설계 회사인 ARM을 인수한다고 발표해 세계적인 화제를 불러 모았다. 인수 금액은 약 3조 3000억 엔으로, 일본 기업의 인수 사례로는 소프트뱅크의 보더폰 일본 법인 인수 금액 1조 7500억 엔을 크게 웃도는 최대 규모였다.

ARM이 설계한 칩은 스마트폰과 태블릿 등 모바일 제품부터 소프트웨어에 이르기까지 전 세계에서 폭넓게 사용되고 있으며, 애플과 삼성을 비롯한 수많은 기업에 제공되고 있다. 특히 스마트폰의 경우는 '전 세계 단말기의 97퍼센트가 ARM의 칩을 탑재할' 만큼 압도적인 점유율을 자랑한다.

손정의 회장은 스마트폰 시장에서 넘버원이 되기 위해 ARM을 인수한 것이 아니다. 지금까지 컴퓨터의 세계에서는 패러다임 전환이 반복되어 왔다. 그리고 다음에 찾아올 패러다임은 사물인터넷(IoT, Internet of Things)'이라는 것이 손정의 회장의 생각이다.

IoT의 등장으로 지금까지는 주로 컴퓨터나 모바일 단말기 등의 IT 기계에 접속되었던 인터넷이 '사물'과도 연결을 시작했다. 앞으로는 자동차나 가전제품 등 온갖 사물이 인터넷에 접속될 것이다. 요컨대, 모든 것이 단말기가 된다는 말이다. 그렇게 되면 스마트폰이나 태블릿 기기의 대수를 훌쩍 넘어서는 수량의 칩이 필요해진다. 이때 압도적인 점유율을 차지할 회사가 어디일지 생각해 보면 ARM밖에 없다.

늘 그렇듯이 세간에서는 '기업 인수에 3조 엔이나 써도 괜찮은 거야?'라는 목소리도 들려오지만, 손정의 회장에게는 '반드시 성공할 수 있다'는 확신이 있을 것이다. 오히려 '3조 엔으로 이렇게 좋은 회사를 살 수 있다니 이보다 좋을 수가!'라고 생각하고 있을지도 모른다.

아마도 현재 손정의 회장의 롤모델은 인텔일 것이다. 1990년대부터 지금까지 인텔은 반도체 제조사로서 정상의 자리에 군림하며 컴퓨터용 CPU 분야에서 압도적인 점유율을 지켜 왔다. 그러나 컴퓨터의 시대에서 IoT의 시대로 패러다임이 전환되면

ARM의 우위는 더욱 분명해질 것이다. 그때 소프트뱅크가 세계 시장에서 '압도적인 넘버원'이 된다. 손정의 회장은 그것을 목표로 설정한 것이다.

이미 구체적인 수치 목표도 제시했다. 창업 30주년인 2010년에 발표한 '소프트뱅크 신 30년 비전'에 그는 다음과 같이 명기했다.

"30년 후에 시가총액 200조 엔의 기업이 된다."

이 목표를 달성한다면 2040년에는 시가총액 기준 전 세계 10위 안에 들어갈 것으로 예측된다. 현재 소프트뱅크의 시가총액이 그룹 전체를 합쳐서 약 11조 엔이므로 200조 엔은 단순 계산으로도 약 20배나 된다. 그러나 손정의 회장은 진심으로 이 목표를 이루려 하고 있다.

'10조, 20조를 논하던 시기는 이미 끝났어. 이제는 100조, 200조를 논해야지!'

손정의 회장은 이렇게 생각하고 있지 않을까.

2000년께에 나는 손정의 회장과 함께 '소프트뱅크 300년 계획'을 만든 적이 있다. 10년이나 20년 뒤가 아니라 300년 뒤의 소프트뱅크는 어떤 모습일까? 이것을 둘이서 진지하게 검토하고 두루마리 같은 긴 종이에 정리했던 기억이 난다. 그런데 손정의 회장은 당시 이미 이런 말을 했다. "매년 몇 퍼센트씩 성장하면 100조 엔을 넘을 수 있을까?" 요컨대, 그가 갑자기 자릿수가 다른 목표를 꺼내든 것이 아니라 오래전부터 생각하고 있었던 것이다.

저성장에 빠진 사회에서 성장을 계속할 수 있을까?

회사든 개인이든 성장을 계속할 수 있는 원동력은 항상 높은 목표를 설정하는 것이다. 높은 목표를 설정하므로, 그 목표를 기준으로 '올해/이번 달/오늘의 목표치'가 결정된다. 그러면 '목표를 달성하려면 지금 무엇을 해야 하는지'가 보인다.

그런데 많은 기업이 '지금 달성할 수 있는 숫자'를 쌓아 올리려고 한다.

'올해는 경기가 나쁘니 전년 대비 101퍼센트를 목표로 삼자.'

이런 식으로 결정하기 때문에 결국은 거의 대부분 현상 유지로 끝난다. 자신을 더욱 발전시킬 요소가 어디에도 없다.

오늘날 일본 기업이 성장하지 못하는 원인도 여기에 있다. 애초에 일본인은 결과를 약속하기를 두려워하는 경향이 있다. 만약 미국인에게 '목표를 달성하면 그만큼 승진시켜 주겠다'고 말한다면 그 미국인은 알아서 높은 목표를 설정할 것이다. '전년 대비 135퍼센트 성장해 라이벌인 그 녀석을 완전히 제쳐 버리겠어!' 이렇게 생각하는 것이 일반적이다. 그런데 일본인에게 같은 말을 하면 어떻게 될까? '괜히 높은 목표를 세웠다가 달성하지 못하면 곤란하니 안전하게 전년 대비 110퍼센트로 잡자.' 대체로 이런 식이다. '어쨌든 실패는 하고 싶지 않아. 그러니 성공의 기준을 낮게 잡자.' 이렇게 생각하고 목표치를 낮춰 버리는

것이다. 이래서는 성장하기 어렵다. 당연히 해외 기업을 이기지
도 못한다.

일본인이 이렇게까지 실패를 두려워하는 것은 사회가 리스
크를 허용하지 않기 때문이다.

한 번이라도 실패하면 평가에 ×가 붙어 버린다. 이 시스템이
바뀌지 않는 한 일본 기업에서 일하는 사람들이 도전을 망설이
는 상황은 계속될 것이다.

다만, 리스크의 허용도가 낮은 조직에서 지속적으로 더 높은
목표를 세울 수 있는 방법이 한 가지 있다. 그것이 바로 '고속
PDCA'다. 실패를 전제로 하는 시스템을 만들어서 실패를 성공
으로 연결해 나간다면 실패는 실패가 아니게 된다.

리스크를 짊어지고 작은 성공을 쌓아 나가면서 더 높은 목표
를 향해 '고속 PDCA'를 끊임없이 실행하라. 그러면 어느 순간
자신도 깜짝 놀랄 만큼 높은 산의 정상에 서 있을 것이다.

'넘버원'을 목표로 삼으면
누구라도 성장할 수 있다

손정의 회장이 실천하는 '넘버원 전략'은 기업 경영에만 적용할 수 있는 것이 아니다. 개인이 업무 목표를 세울 때도 반드시 넘버원을 지향해야 한다. 예컨대 영업사원이라면 '같은 부서에서 넘버원', '같은 지역 담당 중에서 넘버원', '동기 중에서 넘버원' 같은 목표를 세울 수 있다. 주위에서 어렵지 않게 볼 수 있는데, 그런 사람이 최적의 롤모델이다.

그 사람의 실적을 넘어서는 수치를 목표로 설정하고 반드시 달성하겠다고 결심하는 순간부터 여러분의 '고속 PDCA'가 돌아가기 시작한다.

물론 회사에서 주어지는 목표량도 있겠지만, 그 목표가 부서에서 2위에 해당하는 수치라면 설령 목표량을 달성하더라도 여러분은 2등일 뿐이다. 자신을 더 크게 성장시키고 싶다면 그와는 별도로 직접 목표를 설정하는 것이 중요하다. 넘버원의 결과를 내는 데 성공한다면 설령 여러분이 신입사원이라 해도 사람과 정보, 돈이 모여들기 시작한다. 다른 부서와 팀을 이루어서 일할 때도 '넘버원과 함께 일하고 싶다'며 여러분을 지목하는 사람이 생길 것이다. 우수한 파트너와 손을 잡으면 유익한 정보나 노하우도 공유할 수 있어 더 높은 성과로 이어진다. 상사가 업무를 할당할 때도 먼저 넘버원에게 말을 걸기 마련이다. 대형 수주가 기대되는 거래처가 있다면 최고 성적을 낸 영업사원에게 맡기려 하는 것이 인간의 당연한 심리다.

그뿐만이 아니다. 결과를 내는 사람에게는 많은 예산과 경비를 사용할 권리도 주어진다. 이처럼 개인의 업무에서도 넘버원이 됨으로써 얻을 수 있는 가치는 상상 이상으로 크다.

'고속 PDCA'로 결과를 낼 수 있는 것은 매출이나 이익 등의 실적만이 아니다. 일하는 방식을 바꿀 수도 있다.

'날마다 밤늦도록 야근을 하고 있는데, 좀 더 단시간에 결과를 내고 싶다.'

이렇게 생각한다면 하루 업무의 단위를 이를테면 '오후 5시 반까지'로 정해 놓고 그 속에서 '고속 PDCA'를 실행하면 된다. 그럼 업무 효율이 점점 높아져서 '시간당 생산성에서 사내 넘버 원'이 될 수 있다.

조직에 소속된 사람이라면 회사에서 목표를 주는 경우가 대부분이다. 그러나 '회사 또는 상사가 시키니까 한다'는 식이어서는 의욕이 솟지 않을 뿐 아니라 목표가 단순히 압박감과 스트레스를 주는 존재가 되기 쉽다. 그보다는 직접 높은 목표를 설정하고 스스로 궁리하면서 결과를 내는 편이 훨씬 즐겁게 일할 수 있지 않을까.

어떤 사람이든 하고 싶은 일이나 이상으로 삼는 삶의 방식이 있을 것이다. 그렇다면 먼저 그것을 '하자!'라고 결정하자. 손정의 회장이나 내가 그랬듯이 무엇이든 일단 실행하고 본다는 자세를 갖는다면, 아무리 멀게 느껴지는 목표라도 반드시 이룰 수 있다.

자신의 인생을 누군가에게 조종당하지 않고 자신이 원하는 대로 살아가기 위해서라도 부디 '고속 PDCA'를 활용해 보기 바란다.

고속 PDCA의 8단계

Plan

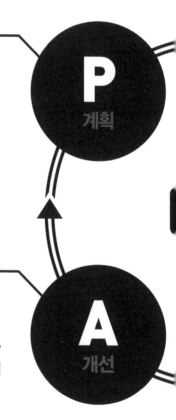

① 큰 목표를 세운다
   (주 단위, 월 단위 등).

② 작은 목표를 세운다(일 단위가 원칙).

③ 목표 달성을 위해 효과적인 방법의
   목록을 작성한다.

Act

⑥ 검증 결과를 바탕으로 매일 개선한다.

⑦ 가장 우수한 방법이 무엇인지 밝혀낸다.

⑧ 가장 우수한 방법을 갈고닦아 더욱 발전
   시킨다.

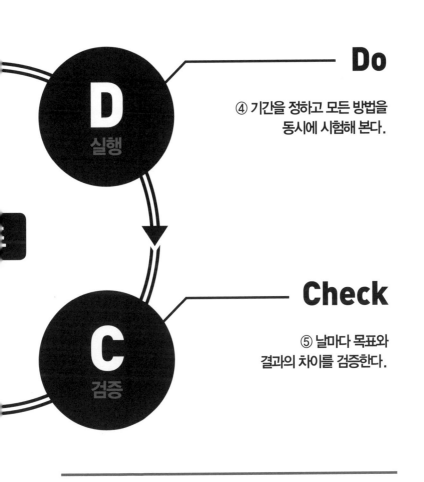

Do

④ 기간을 정하고 모든 방법을
동시에 시험해 본다.

Check

⑤ 날마다 목표와
결과의 차이를 검증한다.

초고속성장의 조건

PDCA

1판 1쇄 발행 2018년 3월 23일
1판 4쇄 발행 2021년 3월 10일

지은이 미키 다케노부
옮긴이 김정환
펴낸이 고병욱

책임편집 장지연 **기획편집** 윤현주 유나경
마케팅 이일권 한동우 김윤성 김재욱 이애주 오정민
디자인 공희 진미나 백은주 **외서기획** 이슬
제작 김기창 **관리** 주동은 조재언 **총무** 문준기 노재경 송민진

교정 구윤회

펴낸곳 청림출판(주)
등록 제1989-000026호

본사 06048 서울시 강남구 도산대로 38길 11 청림출판(주) (논현동 63)
제2사옥 10881 경기도 파주시 회동길 173 청림아트스페이스 (문발동 518-6)
전화 02-546-4341 **팩스** 02-546-8053
홈페이지 www.chungrim.com
이메일 cr1@chungrim.com
블로그 blog.naver.com/chungrimpub
페이스북 www.facebook.com/chungrimpub

ISBN 978-89-352-1207-1 (03320)